水下壳体结构低频声辐射预报方法与实验测量技术

唐锐　尚大晶　李琪　商德江　著

HEUP 哈尔滨工程大学出版社

内容简介

大长径比壳体结构是决定艇体低频噪声辐射性能的主要结构，研究其低频声辐射特性的预报方法与实验测量技术，对潜艇辐射噪声的定量预估以及实测评价具有实际意义。本书内容主要包括两方面的研究工作：一是根据艇体结构在低频段的声辐射特征及现有的预报方法特点，提供一种能够提高水下大长径比壳体结构低频振动响应和声辐射计算效率的预报方法；二是充分利用混响法在非消声水池中测量结果具有良好重复性的可信优势，提供一种可以扩展其低频应用的方法。

本书可供从事水下目标特性建模、预报、识别以及声学测量与定量评价等相关领域的专业技术人员参考，也可作为研究生的专业课教材及参考用书。

图书在版编目(CIP)数据

水下壳体结构低频声辐射预报方法与实验测量技术/唐锐等著. —哈尔滨：哈尔滨工程大学出版社，2016. 11
ISBN 978 - 7 - 5661 - 1378 - 8

Ⅰ. ①水… Ⅱ. ①唐… Ⅲ. ①潜艇 - 结构振动 - 舰船噪声 - 声辐射 - 数值计算 Ⅳ. ①U674. 76

中国版本图书馆 CIP 数据核字(2016)第 266283 号

选题策划 卢尚坤
责任编辑 丁 伟 史大伟
封面设计 恒润设计

出版发行 哈尔滨工程大学出版社
社　　址 哈尔滨市南岗区东大直街 124 号
邮政编码 150001
发行电话 0451 - 82519328
传　　真 0451 - 82519699
经　　销 新华书店
印　　刷 哈尔滨市石桥印务有限公司
开　　本 787mm × 1 092mm 1/16
印　　张 8. 25
字　　数 131 千字
版　　次 2016 年 11 月第 1 版
印　　次 2016 年 11 月第 1 次印刷
定　　价 34. 80 元
http://www. hrbeupress. com
E-mail:heupress@ hrbeu. edu. cn

前　言

随着世界潜艇声隐身技术的重大变革和发展，我国潜艇发展面临着反潜远程探测的严峻挑战。我国潜艇噪声与国外先进水平还有一定差距，相对“安静型”潜艇将处于隐蔽劣势，难以做到先敌发现而充分发挥杀手锏和核威慑作用。强化潜艇声隐身性能已成为提高我国潜艇综合突防能力、生存能力和作战效能，并取得战略、战术优势的重要途径和核心举措。

如果将艇体低频辐射噪声预报视为潜艇噪声控制研究的正问题，即在潜艇设计阶段对机械系统振动和噪声进行定量预估，确定减振、隔振和隔声等降噪措施；那么对潜艇噪声源进行识别研究则可视为潜艇噪声控制研究的逆问题，即根据艇体实验测量结果，寻找影响潜艇噪声水平的主要噪声源及其定量贡献。

本书内容主要包括两方面的研究工作：一是根据艇体结构在低频段的声辐射特征及现有的预报方法特点，提供一种能够提高水下大长径比壳体结构低频振动响应和声辐射计算效率的预报方法；二是充分利用混响法在非消声水池中测量结果具有良好重复性的可信优势，提供一种可以扩展其低频应用的方法。

全书共分 6 章：第 1 章对水下壳体结构低频声辐射预报与实验测量的背景和研究意义进行了阐述，并综述了国内外对典型圆柱壳结构声辐射特性的研究方法与进展；第 2 章建立了敷设声学覆盖层的加肋圆柱壳声辐射的解析求解方法和数值计算方法，作为后续低频等效计算的校核基础；第 3 章提出了一种利用水下梁模型等效计算大长径比圆柱壳低频振动响应和辐射声功率的方法，是全书核心工作之一；第 4 章将大长径比圆柱壳低频振动和声辐射等效算法拓展至复杂壳体结构的低频辐射声功率的预报中，等效计算分析了不同边界条件、变截面线型、结构参数变化等因素对声功率的影响；第 5 章理论推导了混响法低频扩展测试技术原理，是本书的另一核心工作；第 6 章对所提出的混响法低频扩展测试技术开展了详细的实验验证工作，并将混响法低频扩展测试技术应用于圆柱壳结构辐射声功率的非消声水池测试中。

本书专业性较强，可供从事水下目标特性建模、预报、识别以及声学测量与定量评价等相关领域的专业技术人员参考，也可作为研究生的专业课教材及参考用书。

本书第1章由唐锐和李琪共同完成，第2章至第4章由唐锐和商德江共同完成，第5章和第6章由唐锐、尚大晶和李琪共同完成，全书校稿由唐锐和尚大晶完成。本书部分工作得到哈尔滨工程大学何祚镛教授、中船重工集团第七〇二研究所俞孟萨研究员、上海交通大学范军教授等专家的中肯建议，并得到国家自然科学基金项目“封闭空间中声源辐射阻抗特性研究”（编号11504065）和中央高校基本科研业务费项目“非消声水池中声源低频声辐射特性及测量方法研究”（编号HEUCFM160501）的支持，在此表示衷心的感谢。

限于著者的水平和经验，书中难免会有不妥之处，敬请读者指正。

著　者

2016年7月

目　录

第1章 绪　论

1.1 背　景

随着世界潜艇声隐身技术的重大变革和发展,我国潜艇发展面临着反潜远程探测的严峻挑战。我国潜艇噪声与国外先进水平还有一定差距,相对"安静型"潜艇处于隐蔽劣势,难以做到先敌发现而充分发挥杀手锏和核威慑作用。强化潜艇声隐身性能已成为提高我国潜艇综合突防能力、生存能力和作战效能,并取得战略、战术优势的重要途径和核心举措。

潜艇噪声可分为机械噪声、螺旋桨噪声和水动力噪声三大噪声源。在低中速隐蔽航行工况时,机械噪声是潜艇最主要的噪声源之一。机械设备引起的艇体声辐射主要处于低频范围,其噪声性质以线谱为最明显特征,成为舰船的目标特征信号[1,2]。低频线谱对潜艇总噪声级贡献很大,而低频声波在海水中衰减小、传播距离远,加之声呐工作频率逐渐向低频发展,使潜艇易于被探测而遭到攻击。在高速航行工况时,螺旋桨噪声和水动力噪声则成为潜艇的主要噪声源,而高频信号随着传播距离增加,衰减十分迅速,不易被声呐设备远距离探测。因此,控制和降低潜艇结构低频辐射噪声是潜艇实现安静化的首要环节和基本保证,这不仅可以降低舰船目标特征信号,还可以增大自身声呐系统的作用距离,从而大大提高潜艇的水下对抗能力。对潜艇的结构及设备进行合理的声学设计是提高艇体声学性能的首要环节,其关心的核心问题是艇体结构的受激振动与声辐射。为了降低潜艇低频辐射噪声,只有预报出或测量出艇体的低频声振特性,才能采取控制手段,做到有的放矢;在潜艇设计初始阶段,预报并改进艇体的低频声振性能,则能有效降低艇体低频噪声的后期控制成本。壳体结构作为潜艇的典型结构,也是决定艇体低频噪声辐射性能的主要结构,研究其在流场中受激振动后的声辐射对潜艇隐身技术有着重要意义，因此壳体结构一直都是国内外学者研究的热点和方向。

如果将艇体低频辐射噪声预报视为潜艇噪声控制研究的正问题，即在潜艇设计阶段对机械系统振动和噪声进行定量预估，确定减振、隔振和隔声等降噪措施，那么对潜艇噪声源进行识别研究则可视为潜艇噪声控制研究的逆问题，即根据艇体实验测量结果，寻找影响潜艇噪声水平的主要噪声源及其定量贡献。

水下声源的辐射声功率测量是评价声源声学性能的重要手段，准确测量潜艇等水下航行体大型复杂声源的辐射声功率具有重要意义，而利用辐射声功率评估、评价声源声学性能的核心问题则是测量方法。目前，利用水听器垂直线阵、矢量水听器等方法在海洋环境中测量出的潜艇辐射噪声，无法消除受到海底及海岸带来的反射影响，且无法解决噪声源的评估问题。如果能在实验水池环境中测量潜艇等大型复杂声源的辐射噪声，良好的低噪声背景及确定的声场边界避免了由海洋环境及岸、底反射等因素带来的不确定性影响，则可以对其进行准确测量。若将潜艇作为水下测量平台，艇中各个设备单独工作，进而准确地测出每台设备对潜艇辐射噪声的贡献，从而对其声隐身性能做出客观评价。由于在消声水池进行实际测量时低频吸声性能以及远场条件难以实现，加之相对外场测试，利用混响法在非消声水池中对声源辐射声功率进行测量具有背景噪声干扰低、实验条件容易满足、测量重复性好、结果可信等优势，因此利用混响法在非消声水池中对潜艇等大型复杂结构声源进行辐射声功率测量很有可能成为一种行之有效的测量方法。

本书的主要内容是通过计算预报及实验测量两个层面展开工作。根据艇体结构在低频段的声辐射特征及现有的预报方法特点，探索能够提高水下大长径比壳体结构低频振动响应和辐射声功率计算效率的预报方法，对潜艇低频段机械系统振动和辐射噪声进行高效的定量预估具有实际意义。充分利用混响法在非消声水池中测量结果具有良好重复性的可信优势，进行扩展低频应用频域的理论及实验研究，为实现潜艇辐射噪声的准确测量及对噪声源进行识别，以及潜艇辐射噪声性能及减振降噪措施有效性的评估提供实验方法依据。

1.2 发展现状

1.2.1 典型壳体结构低频声振特性

潜艇作为海军作战中重要的战略武器及运输平台,由复杂的结构组成。在机械噪声起主要作用的低频范围,其典型结构是圆柱壳体结构。其一般可分为单层和双层圆柱壳结构,它们是决定艇体低频噪声辐射性能的主要结构[3]。研究圆柱壳结构在水中的振动及声辐射、减振降噪措施,对潜艇声隐身技术有着重要意义。下面着重回顾圆柱壳结构低频声振特性的预报方法和相关结论,从典型圆柱壳结构的解析方法和复杂壳体结构的数值方法两方面展开文献综述。

1. 圆柱壳结构振动与声辐射计算方法研究现状

单层、双层圆柱壳结构的振动与声辐射的解析计算方法,一般集中在薄壳假设理论[4]下,包括 Ressener 理论、Flügge 理论和 Donnell 理论等,这几种薄壳理论都是从严格的弹性振动理论简化得到的。其中 Ressener 理论、Flügge 理论是最通用的经典薄壳理论,具有较高的计算精度;Donnell 理论是由 Ressener 理论进一步简化得到的,虽然精度略低,但在薄壳振动的数学求解中大为简化,也是在薄壳振动分析中广为采用的理论方法。Junger[5,6]最早对水中圆柱壳的声振特性进行了研究,推导出了无限长水下圆柱壳辐射声压的表达式,并指出水介质对圆柱壳振动的耦合作用,相当于壳体在空气中振动时要克服的附加质量和阻尼力,使壳体在水中的固有模态频率相对于空气中明显降低。Stepanishen[7,8]根据镶嵌在圆柱壳上的活塞振动辐射及圆柱壳圆周方向振速分布的计算方法,分析了无限长圆柱壳有非均匀振速分布的辐射阻和辐射声功率;应用模态展开法分解圆柱壳的表面振速,采用 Green 函数和积分方程得到流体声场对圆柱壳的作用,计算分析了两端有半无限长刚性障板的水下有限长圆柱壳的振动响应及辐射声场,并得到了水中圆柱壳自辐射阻抗和互辐射阻抗的低频近似表达式。Laulagnet 和 Guyader[9,10]基于 Flügge 理论,同样采用模态分析的,研究了水中有限长圆柱壳和加环肋圆柱壳的声辐射问题。解析求解时将结构振动及声场进行模态展开,利用壳表面振速连续的边界条件,得到结构的模态位移，并计算了激励在不同方向及肋骨参数变化时对声辐射的影响。Harari 和 Sandman[11,12]采用空间波束谱展开法，研究了带无限长刚性障板的水下有限长加环肋圆柱壳的振动和声辐射，并分析了结构阻尼和肋骨的影响；采用模态展开法，研究了两端带圆形盖板封闭的有限长加肋圆柱壳的振动声辐射，并通过实验验证了解析推导的正确性，指出盖板的辐射不能忽略。肖邵予等[13]基于扩展的 Rayleigh – Ritz 法，根据变分原理，推导并分析了水下两端带圆盖板的封闭加环肋圆柱壳结构中的振动和声辐射特性。刘涛等[14]在推导对称法向线力激励下的水下无限长圆柱壳的振动与声辐射时，利用 Rayleigh 简正级数解进行奇点展开，得到了圆柱壳共振声辐射公式。Cole[15]采用波谱法分析了径向点激励的加环肋圆柱壳内部充液和浸没在液体中的声辐射，计算了轴向距离激励处不同位置的振动衰减及近场声压分布，分析了流体耦合作用及肋骨分布形式对声辐射的影响。

近年来国内学者广泛关注了加肋圆柱壳体的声辐射问题。谢官模[16,17]应用哈密顿和惠更斯原理，使用 Green 函数推导了加环肋简支圆柱壳的辐射声压解析表达式，并将数值计算结果同实验进行了比对；利用波束变换和模态叠加法，解析计算了带有舱壁板及不同肋骨的无限长圆柱壳结构振动和声辐射。罗斌[18]采用变分原理，分析了不同肋骨形状对简支圆柱壳声辐射的影响。文丽等[19]将环肋骨等效为反力，将纵向肋骨等效为反力矩，同时加载至 Flügge 薄壳振动控制方程中，并将壳位移及各力项模态展开求解模态位移，数值计算分析了不同肋骨分布对声功率的影响。汤渭霖等[20]采用 Donnell 薄壳理论，通过求解单根肋骨的机械阻抗，得到了所有肋骨对壳体的附加阻抗，则加肋壳的振动及声辐射由壳体自身的机械阻抗、肋骨的附加阻抗及与水耦合的辐射阻抗决定，进而利用模态展开法，得出了水下有限长加肋圆柱壳受径向对称激励的声辐射近似解。廖长江等[21]同样采取肋骨对壳体的附加阻抗作用，利用模态分析方法，计算了纵向肋骨对有限长圆柱壳辐射的影响。严谨等[22,23]考虑了周期环肋对无限长壳体的三维方向力及力矩作用，利用空间波束变换分析了加肋圆柱壳在简谐线力激励下全频域的声功率随肋骨参数的变化。彭旭等[24]研究了封闭圆柱壳腔内声模态与圆柱壳结构模态的耦合系数，基于 Flügge 薄壳振动控制方程，采用模态展开法计算了点力和点声源分别激励以及同时激励加肋圆柱壳时向外流场的辐射声功率。对于双层圆柱壳声辐射的研究,吴文伟等[25]利用波束变换技术,研究了径向点力激励内壳的有环肋、实肋板的无限长双层圆柱壳的振动和声辐射。陈美霞和骆东平[26-28]基于Flügge薄壳振动控制方程,分别采取波束变换技术和模态分析技术等不同分析方法,研究了水下有限长加环肋、实肋板双层圆柱壳的声辐射问题,并分析了低阶周向模态的辐射效率。白振国和俞孟萨[29]采用模态分析的方法,推导出了有限长复合双层圆柱壳结构的声功率解析表达式,并数值计算了实肋板参数对双壳声功率的影响。

对于多源、随机激励壳体结构的声振问题研究,Fulford等[30-32]从梁、板出发研究了一系列多点连接激励的问题。在研究基座等结构的随机激励响应时,将激励力的不同幅值比与不同相位叠加,并针对不同频段进行区分。Krishnappa[33]通过研究两个相干的单极子辐射声场,初步分析了随机源的相互作用对辐射声场的影响。Peng等[34-36]研究了一系列简单结构(梁、板、球)的多源随机激励问题,指出激励源的位置、间距和相干性对辐射声功率均有较大的影响,适当选择上述参数可以降低总的辐射噪声。Hu等[37]研究了多点随机力激励下圆柱壳的声辐射,通过统计处理获得多点随机力激励下圆柱壳的声辐射公式,讨论了源的位置、间距、频率和相干性对辐射总声功率的影响,并分析了产生影响的物理机理与规律。

解析计算方法由于物理概念清晰,易于分析水下结构振动的声辐射规律,但应用起来受到了结构复杂程度及边界条件的限制,因此对于复杂结构,数值计算方法具有灵活、强大的处理能力。根据结构尺度及分析频带,中低频分析一般采用有限元法+边界元法(FEM+BEM),高频分析一般采用统计能量法(SEA),拓展FEM+BEM及SEA的适用范围和计算效率则成为了发展趋势。张敬东等[38]采用FEM+BEM修正的模态分解法,数值计算了水中旋转薄壳的振动和声辐射,使用较少的模态减少耦合方程的计算量,提高计算效率。沈顺根等[39]求解修正的Helmholtz边界积分方程时,对奇异积分采用级数展开得到近似解析解,并和有限元结合建立了求解结构振动及声辐射的矩阵分析方法。谭林森等[40]采用不同分析方法对潜水器动力舱的振动声辐射进行了计算,利用有限元法分析振动特性,利用模态展开法计算频率响应,利用FEM+BEM分析声辐射。商德江等[41]采用FEM+BEM,建立了运用ANSYS和SYSNOISE软件联合计算复杂水下圆柱壳结构振动和声辐射的方法。徐张明等[42]同样采用ANSYS和SYSNOISE软件联合计算了船舶动力舱的振动和声辐射问题。石焕文等[43]、艾海峰等[44,45]进一步基于FEM + BEM,研究了不同结构参数变化对复杂圆柱壳结构振动及声辐射的影响。盛美萍和刘小勇等[47]在国内最先利用发展后的统计能量分析法对水下结构振动声辐射进行了预报,统一定义了统计能量分析参数,考虑了流体负载对统计参数的影响,提高损耗系数和传递损耗系数等统计参数的估算精度,向中频段扩展计算范围,并对水下航行器、双层圆柱壳等复杂耦合结构的振动及声辐射进行了分析。童宗鹏等[48]、丁少春等[49]同样采用统计能量法,通过理论和实验相结合的方法确定出统计能量分析模型中的基本参数,对水下航行器和加肋圆柱壳的高频振动与声辐射特性进行了SEA预报分析。Ramachandran[50]采取SEA方法分析了轻流体中有限长加纵肋圆柱壳的宽频带声辐射特性,并引入修正因子估计了壳体结构的低频域的辐射效率。

各种理论计算方法预报的水下结构振动和声辐射结果需要进行实验验证。根据不同测量原理及实验环境,主要的测量方法包括均方声压法[51]、声强法[52]、声全息法[53]、混响法[54]等。Ekimov等[55]在外场实验研究了壳表面集中质量块对平面波激励的有限长圆柱壳辐射效率的影响。俞孟萨等[56]在外场的半混响环境中,针对机械激励的三个相似加肋壳模型的声学相似性开展了实验研究。实验表明,在一定频率范围内,可以在半混响环境中测量结构的声功率。曾革委等[57]在水库中通过实验测量了舱段模型的振动及辐射声场,并将测量到的激励力到远场辐射声压的传递函数折算到实艇,在1/3倍频程内得到良好的结果。陈美霞等[58]在消声水池中实验研究了内部甲板对有限长加肋圆柱壳振动及辐射声场的影响。严谨等[59]在消声水池中实验研究了无限长加肋圆柱壳的声辐射,其中无限长圆柱壳采用在有限长圆柱壳的封闭端面敷设橡胶阻尼以减小端面的振动波反射来近似,在激励位置附近的声场测量结果与理论计算较好地吻合,并分析了实验结果与理论计算存在差别的原因。姚熊亮等[60]实验研究了不同方式敷设隔声去耦材料对有限长双层圆柱壳振动及声辐射的影响。李冰茹等[61]通过实验测量了有限长圆柱壳模型壳体表面振速和近场声压,验证了采取波束分解法和虚元叠加法,利用壳体表面振速预报近场声压的正确性。

2. 典型壳体结构低频声振特性的相关结论

(1)单壳结构相关结论

无限长加环肋圆柱壳对称激励时,环肋对圆柱壳较低频段和较高频段的辐射声功率有明显抑制作用,对环频附近的声功率影响不明显。肋间距减小,加肋圆柱壳刚度增大,使声功率曲线起伏剧烈,需要根据模型周向波束的大小合适选取肋间距以获得良好的振动控制效果[23,59]。

简支在无限长障板上的有限长加肋圆柱壳,径向点力激励时,相对没有加肋的圆柱壳,肋骨带来的附加机械阻抗不影响辐射阻抗,低频辐射声功率趋势及幅度变化不大。但肋骨带来的附加机械阻抗会增大圆柱壳体总的机械阻抗,不仅改变壳体的共振频率,还会使壳体表面的平均振速降低,增加低阶模态辐射效率[20]。壳体与周围流体耦合,互辐射阻抗相对自辐射阻抗对壳表面振速影响微弱,粗略计算时可以忽略互辐射阻抗对声辐射的影响。当壳体厚度不能忽略时,径厚比变化相对长径比变化对壳体声辐射特性影响明显[62]。在加有双周期环肋的圆柱壳的基础上再均匀施加纵肋,能有效地改善双周期加肋圆柱壳的声辐射特性[63]。

两端带半球帽的加肋圆柱壳结构,径向点力激励时,环肋高度、宽度等结构参数及施加数量的变化,将影响圆柱壳结构的模态频率,并影响结构的辐射特性。环肋高度、宽度和数目增大时,辐射声功率均有增大;并且在低频段,环肋高度增大时的辐射效率较环肋宽度增大时的高[64]。

两端带盖板的加环肋圆柱壳,轴向激励盖板时,尽管盖板相对壳很厚,盖板辐射仍然很大;径向激励壳体时,在低频可以忽略盖板的辐射作用,而在中高频则不能忽略[65]。径向点力激励两端带盖板的加纵肋圆柱壳,纵肋的高度、宽度及数目增大都可使辐射效率增大,表面平均振速和辐射声功率的幅度变化不明显,并且改变了结构的模态频率。增大纵肋的高度和宽度则会增大两端盖板在低频段的声辐射;壳体结构的指向性将随着纵肋骨的数目变化发生改变[43]。带有环肋、纵肋及舱壁板的无限长圆柱壳,对称激励时同无限长加肋圆柱壳比较,舱壁板增强了壳体的声辐射;舱壁板间距变小,结构在高频域的辐射声压起伏趋于平缓[17]。

(2)双壳相关结论

无限长双层加环肋圆柱壳,径向点力激励时,增加内壳厚度对双层壳结构的辐射声压在低频影响不大,在中高频可使辐射声压降低;增加实肋板间距,双层壳结构的辐射声压在全频域明显降低,也说明了实肋板是内壳振动能量向外传递的主要途径;内外壳间距变化,对双层壳结构辐射声压影响复杂,需要合理选择[25]。在外壳有纵肋骨加强时,双层圆柱壳在较低的频率段辐射声压将增大,并随着纵肋骨刚度的增大而增大;外壳上纵肋骨数目对双层加肋圆柱壳的辐射声压影响比较复杂,但总声压级幅度变化不明显[66]。

带无限长柱形刚性障板的有限长加肋双层圆柱壳[27,67],径向点力激励内壳时,分析外壳声辐射的能量贡献,主要通过实肋板将内壳振动能量向外传递到外壳,其次才是环形流场流体介质。增大实肋板间距、减少实肋板数目和提高外壳刚度可降低双层壳体的声辐射;改变实肋板结构参数对双层壳体声辐射影响不大。加肋圆柱壳的低阶模态相对高阶模态对辐射声功率贡献更大。数值计算表明,如果激励位置不在模态振型的节点位置,则前两阶周向模态以及前5阶的轴向模态主要影响了声功率的幅度[28]。

两端带半球帽的带环肋双层圆柱壳结构[41],在球帽顶点受法向点力激励时,环肋的宽度和间距的不均匀分布对低阶模态振型的对称性影响较小,而对高阶模态振型的对称性影响较大。辐射声功率频响曲线与辐射声功率效率频响曲线有明显的差别,二者起伏并不对应。不同频率下,壳体表面有的部位向外辐射声能,有的部位吸收声能。

(3)粘贴覆盖层对圆柱壳结构的影响研究

在水下圆柱壳结构上敷设黏弹性覆盖层,对结构振动进行被动控制,具有实际的减振降噪意义。陈美霞和骆东平等[68,69]对加环肋光壳及外表面敷设黏弹性阻尼材料的环肋柱壳的振动和声辐射进行了数值计算和实验研究,其中黏弹性阻尼层采用三维 Navier 运动方程描述,利用不同方向位移及应力的连续边界条件,建立了敷设有阻尼材料的双层圆柱壳的振动控制方程。敷设阻尼材料后环肋圆柱壳较环肋光壳的同阶固有频率降低,在相同的径向点力激励下,辐射声压也得到了普遍抑制。进一步数值计算研究了不同方式敷设阻尼材料对壳间无连接、托板连接和实肋板连接三种形式的双壳结构振动和辐射的抑制作用,结果表明内外壳均敷设阻尼材料的方式,较只内壳和外壳单独敷设阻尼方式,减振降噪效果更好。白振国和俞孟萨[70]研究了敷设多层声学覆盖层的双层圆柱壳的建模方法和声辐射计算分析,将隔声阻尼层等效为液体层,声学覆盖层采用声阻抗参数描述,并采用模态展开法推导了复合壳体辐射声功率的表达式。数值计算表明隔声阻尼层的降噪作用在低频效果不明显,在中高频效果显著;外壳敷设隔声阻尼层较内壳敷设的降噪效果好;三重复合声学覆盖层能够普遍抑制双壳结构的辐射声功率,尤其在中高频效果最好。姚熊亮等[60]通过实验研究了隔声去耦覆盖层对双层壳体声辐射的抑制作用。单频激励内壳时,近场辐射声压受到覆盖层敷设位置及方式影响,内外全部辐射覆盖层的减振降噪效果最好,只内壳敷设在高频段能够有效减振;低频宽带噪声激励时,内外壳全敷设覆盖层时效果最好,只内壳敷设时效果最差。

对圆柱结构表面敷设压电层对其进行主动振动控制,是对水下结构减振降噪的另一研究方向。为了克服被动约束阻尼层结构[71-74](PCLD)对圆柱壳结构低频的自适应性不强的困难,使用压电聚合物[75]和压电陶瓷材料[76-78]代替PCLD结构中的普通弹性约束层,形成主动约束阻尼层结构(ACLD),对结构振动中的低阶模态起到抑制作用。国内袁丽芸等[79,80]建立了ACLD层复合圆柱壳的简化机电耦合模型和完全机电耦合模型,在低频域内研究压电层的环向电压分布方式对ACLD圆柱壳振动控制效果的影响,并得到了相关有意义的结论。

3.水下梁的振动与声辐射

潜艇、鱼雷等水下有限长圆柱壳结构声振特性的解析和数值计算方法,由于流固耦合作用而比较复杂[81],为了提高计算效率,水下大长径比圆柱壳声振特性的低频等效算法得到了关注[82]。由于大长径比圆柱壳的低频振动特性与梁结构类似,其低频声辐射特性主要决定于梁式振动模态。如果能采取某种合适的等效方法将圆柱壳模型等效为简单的梁模型,则可快速计算辐射声功率。

空气中对梁的研究已比较成熟,梁的振动问题一般可以归纳为Euler-Bernoulli梁模型和Timoshenko梁模型的求解。如果梁足够长,则可忽略结构剪切力和剖面惯性矩影响,这时Timoshenko梁的振动问题就退化为Euler-Bernoulli梁模型求解。但比较梁与圆柱壳结构声振特性相似性的文献却很少,其中Forsberg[83]研究了在空气中采用梁式弯曲振动模态计算圆柱壳振动的应用条件，对于细长（长径比 $L/a>20$）薄壳，应用简单梁理论预测了圆柱壳的弯曲振动模式（$n=1$）的最低模态频率和振型，并分析了不同边界条件的影响。二维梁模型若只考虑横向位移，忽略与其他方向位移间的耦合作用，就只能准确预报圆柱壳梁式弯曲振动的第一阶模态频率，高阶模态频率偏差较大。值得指出的是，Forsberg 通过计算发现，对于长径比 $L/a>20$ 的薄壳，只要周向半波长和轴向半波长均远大于壳体厚度，半径与厚度比（a/h）在满足 $20<a/h<100$ 时，不同径厚比对弯曲振动模态（$n=1$）影响甚小，也就是说此时细长薄壳弯曲振动模态与弯曲刚度无关。对于大长径比（$L/a>20$）的圆柱壳，结构最低阶模态频率对应于周向模态 $n=1$ 时的梁式弯曲振动频率，壳体上任意点的切向位移 v 和径向位移 w 大小相等，且它们的幅值满足 $V=-W$，则在任意截面上的各质点位移大小相等，方向相同，相当于整个圆截面做刚体运动，这恰恰与简单二维梁理论的假设是相符的。对于梁声辐射问题的研究，Sun[84]采用传递矩阵法计算分析了空气中不同边界条件下的均匀梁和非均匀梁的振动响应及辐射声功率与辐射效率。

考虑水介质与梁结构的耦合作用，Wallace[85]研究了带无限长障板的有限长梁的声辐射问题，推导了梁的辐射阻的渐进解，并得出在简支和固支边界下，辐射阻随着宽长比增大而升高。借鉴船体振动理论[86]，采用附加水质量近似流固耦合作用的方法，可以将结构水下低频振动与声场分开计算[87]，避开结构振动响应和声场响应同时求解的难题，所以在计算时应先求出结构在水中的振动响应，再根据结构振动响应求出辐射声场。这样针对水中结构，可以采用空气中常用的模态叠加法[88]、差分变化法[89]和传递矩阵法[90]等方法计算梁的振动响应，并将计算得到的结构水下振动响应代入到声场计算公式中计算声场。

Tang 等[91]通过研究水下大长径比（$L/a>20$）有限长圆柱薄壳的声辐射特性发现，水下圆柱壳低频声辐射特性主要决定于圆柱壳梁式振动模态（$n=1$），进而提出了应用等效杨氏模量系数，采用水下梁模型等效计算水下圆柱壳低频域辐射声功率的方法，拓展了文献[83]中应用简单梁理论预报圆柱壳振动特性的应用范围，提高了大长径比水下圆柱壳受横向激励时的低频域辐射声功率的计算效率。

1.2.2 水下复杂声源辐射声功率的混响测量技术概述

水下声源辐射声功率的测量是评价声源声学性能的重要手段。由于在消声水池进行实际测量时低频吸声性能以及远场条件难以实现，加之相对外场测试，利用混响法在非消声水池对声源进行测量具有背景噪声干扰低、方便多激励复杂结构单机工作、测量重复性好、实验方法简单和结果可信等优势，近年来声源辐射声功率的混响法测量得到了关注[92,93]。

利用混响法在非消声水池中测量声源的辐射声功率，其测量基本理论及实验技术以封闭空间声场理论为基础，从空气中混响室的声场测试方法发展而来。空气中的混响室是一个非常重要的成熟使用的标准实验测量装置。混响室测量方法已建立起相应的国际标准，广泛应用于不规则复杂声源的辐射声功率测量、噪声源定位[94]、故障诊断及材料吸声系数[95-107]的测量等领域。空气中混响室的理论分析方法、测量技术及实验结果的自由场校正方法等，对于混响法在非消声水池的声学应用具有借鉴意义。

Morse 和 Ingard[108]采用简正波理论，利用波动声学和几何声学之间的关系，给出了某一频带内声场中简正波共振频率数目的计算方法和公式，建立了空气中封闭空间混响声场的分析方法。Mailing[109]，Waterhouse[110]及马大猷[111]等学者在空气中的封闭空间，研究了点声源的单频和宽频噪声发射时的声场、辐射阻抗，并对声功率进行了测量。利用模态密度的概念，解释了声源的声阻抗在低频段由于声场中声模态数少，随着声源位置变化而明显变化；在高频段声模态密集，声源在全空间位置平均得到的平均声阻抗与自由场近似相同。其中封闭空间界面对声波的反射作用是导致在混响场中声源低频辐射阻起伏变化的原因。对声功率在高频进行理论计算及测量的结果表明，在绝对硬边界处声源功率发射最大，空间内各点声功率的测量值在自由场测量值附近上下波动。在混响室测量声源的辐射声功率，声源在全空间发射得到平均的测量结果一般要小于自由场测量值，这是由于在混响室中不能真正测量得到声源在边界处的声压值。Smith 和 Bailey[112]研究了有限体积声源在混响场中的辐射阻，它相当于均匀脉动球源辐射阻在体积声源表面的平均。实验表明，体积声源本身相当于多个点声源在空间位置的叠加，相对于点声源声功率的测量，不需要大量的声源发射位置即能获得较好的测量结果。

在混响室中测量声源的辐射声功率，利用的是封闭空间中的弥散场理论，在满足高模态密度的高频段，均方声压可以通过声源发射及接收位置在局部空间平均获得。混响场的下限频率及声功率的混响声场到自由声场修正量，需要通过混响时间（T_{60}）计算获得。混响时间与房间结构参数及房间的吸收性能直接相关，是封闭空间中非常重要的声学参量，不同房间的 T_{60} 需要实际测量得出。声场中某点的 T_{60} 可以通过稳态声场中断法[93]和脉冲响应积分法[113]获得，这两种方法都是 ISO354 国际测量标准所允许的。由于封闭空间在低频段声场分布极不均匀，实测的 T_{60} 将随着测量位置的变化而起伏[114-116]，这也是在封闭空间中对声源低频声功率测量受到限制的原因之一。为了在混响室的低频段获得较准确的混响时间，需要使声源发射及接收位置在全空间平均获得。在混响室内增加反射体数量也能改善声场低频的不均匀分布，从而获得较为准确的混响时间。Kuttruff[117]研究了混响室内反射体数量对声衰减的影响，反射体的数量不能无限制地增多，否则声能可能被限制于封闭空间的某一区域，导致测量结果不能反映实际房间的真实吸收性能，反射体数量的选择存在最优范围。

在空气中广泛地利用混响室测量声源的辐射声功率，相关的混响室测量方法已建立起相应的国际标准，扩展低频应用频域、声辐射阻抗变化及测量重复性是研究热点。当混响室近似为扩散声场时，声压的起伏给实验结果带来不确定度的影响。Waterhouse[118]通过考虑刚性反射面附近干涉形式的势能，给出了在扩散场内的测量修正量。Schaffner[119]考虑了边界的吸收影响，对 Waterhouse 修正进行了改进。Vorländer[120]利用扩散场方程计算声能损失，也对 Waterhouse 修正进行了改进。为扩展低频域测量应用，由于声源表面、混响室边界及气体环境对声波的反射作用使声源声阻抗发生变化，可以通过使用稳态扩散装置、增大房间体积和添加低频吸收材料来减小由反射带来的影响。为减小声功率测量的不确定度，使用旋转扩散装置还可以提高声场的空间平均性能，来减少测量位置并能获得足够的采样信息，增加声源的发射位置也可以减少测量的偏差[121]。在满足足够高的模态密度时，根据均方声压的统计分布模型[122,123]，ISO3741 和 ISO354 给出统计的均方声压容许测量标准偏差。

声能的统计分析在声学领域里是一种重要的分析手段，该方法认为声源的辐射声功率与声源位置环境无关。但实际上在混响室中低频域内，声源在发射单频或者宽带噪声时的声功率随不同位置剧烈变化，在不同大小的混响室内测得的声功率也不同。运用统计声学理论在混响室中测量声源声功率，受到不确定度大的限制。Jacobsen[124]在混响室内进行声源声功率测量研究发现，其标准差反比与单位带宽内模态数的平方根值，即标准差与混响时间和房间体积比值的平方根成正比，并与频率成反比。基于混响室干涉理论（随机相位）建立起来的单极子声功率整体标准差，与目前已有的复杂方法计算结果很好地吻合。本书从简正波理论出发，推导出辐射声功率在混响室与自由场间的关系，并表示成了统计量的关系，避开了模态的概念，使混响场和自由场测量结果的修正仅与混响时间、房间体积和频率有关。从物理意义上分析，该方法给出了频带内平均的结果，是统计意义，仍然需要利用混响时间进行计算，遗憾的是未指出该方法是否可以在低频扩展应用。

David[125]用动能密度（质点振速平方）代替传统的势能密度（声压平方）来测量声吸收和声功率。根据目前的ISO标准，采取足够数目的声源发射位置和接收位置来获得可信的实验结果。由于整体能量密度或者动能密度相对势能密度几乎在所有频率范围内具有更好的空间均匀性，在测量时可以减少声源发射位置和接收位置。相对动能密度和势能密度，整体能量密度在低频域具有更好的均匀性，可以在低频域利用它进行声学测量。书中利用声压平方脉冲响应和振速平方脉冲响应的不同权值叠加来得到整体能量密度脉冲响应，利于它对低频域 T_{60} 的测量可以获得更好的一致性，进而可以测量下限频率以下的声吸收和声功率；可以在较少的声源发射位置和接收位置获得与在足够多位置进行声压平方测量相当的实验效果。对该方法的介绍中没有给出质点均方振速该如何测量，并且对于 T_{60} 的测量方法较为复杂，有待深入研究。

Blake[126]最先采用混响法在密闭矩形混响水池中测量了声源的辐射声功率，研究了重流体对结构振动的耦合作用，相关的测量同空气中混响室测量结果进行了比对，得出混响水池在下限频率以上满足弥散场条件，空间平均测量得到的均方声压反映了声场的统计变化，空气中的混响理论适用于混响水池，混响水池可以测量声源的辐射声功率等重要结论。在混响水池中测量到的混响时间远小于空气中的混响时间，比较混响室内空间平均声压级低频段的测量一致性，混响水池的波动比空气中略大，表明混响水池较空气中混响室低频声场分布更为不均匀；并指出如果混响水池不满足弥散场条件，在其中进行声功率测量时，需要考虑声源辐射阻变化的影响，但未给出修正方法。国内学者也将混响法应用到了水下复杂结构声源声功率的测量中。李琪[54]最先把混响法应用到实验室水洞环境下测量水下结构模型的流激水动力噪声中；并通过对管道、充水腔及混响箱内声场特性的研究，提出了混响箱噪声测量方法。俞孟萨等[56]在半混响环境下，开展了加肋圆柱壳模型相似性实验研究，通过测量均方声压和混响时间来计算结构的辐射声功率。尚大晶等[92,93]运用混响法，测量了标准声源及水下复杂声源的辐射声功率，在不同尺度非消声水池中测量了声源的辐射声功率，分析了非消声水池的下限频率和不同非消声水池的尺度效应，以及水下声源辐射声功率测量的不确定性。他们将混响法应用到流激水下翼型结构流噪声测量中：在重力式水洞中搭建了一套实验测量系统，利用混响箱法测量了水下翼型结构模型的辐射声功率，并研究了流速及结构参数（厚度、肋骨参数和声学覆盖层）对其辐射声功率的影响。利用混响法，在非消声水池中还可以测量声波在大样品中无规入射时的水下声学材料的平均吸声系数[125,127]，克服了驻波管法测量中受到声管孔径及只能获得样本法向声学特性的限制。

在非消声水池中，若与空气中混响室一样采用定点测量方式来获得空间平均的均方声压，需要在全空间尽可能多地布置采集点以获得良好的测量一致性。文献[93]采用空间平均测量技术在非消声水池中测量水下声源的辐射声功率，通过单个水听器移动扫描便可较好地获得声场的平均均方声压。马大猷[111,128,129]研究了空间因子变化，得出混响场内空间因子的空间平均值为常量。采用空间平均测量技术获得的空间因子，与在全空间范围进行平均得到的测量结果相同，具有良好的测量一致性。尽管如此，非消声水池相对于空气中的混响室，池壁的高吸收、水介质的高特性阻抗及边界对声场的干涉影响等因素，使得低于下限频率的频域范围内的声场分布极不均匀[54]。由于低于下限频率范围内单位频带内简正波数过少，不论是单频声源还是宽频声源，混响声场的能量密度都存在不均匀性，声场本身的共振影响无法消除[130]，限制了非消声水池在低频段的应用。

1.2.3 亟待解决的问题

艇体结构复杂,机械设备激励方式多样,结构振动和辐射声场之间存在相互耦合作用,实验条件受到限制等因素,制约了艇体机械噪声的准确预报与测量。在不同频段建立声辐射模型需要采用不同方法,还需要考虑预报方法的实用性和计算效率。对实艇机械噪声采取不同方法进行实验测量,既要排除环境背景、边界的影响,又要对噪声源分得清、测得准。通过对上述文献的分析及梳理,已开展的工作尽管对典型壳体结构的低频声辐射特性预报方法、降噪措施及实验手段进行了广泛的研究,仍有以下问题亟待解决:

(1)针对大长径比的圆柱壳体结构在低频段范围内呈现的振动和声辐射特征,为提高计算效率,能否对其采取合适的模型进行等效计算分析;

(2)能否对变截面复杂壳体结构的低频声辐射特性准确、高效地预报,以评估其定量的辐射噪声能级;

(3)在利用混响法测量声功率或材料吸声吸收时需要首先测量声场的混响时间,而在低频声场中已不满足混响时间的定义条件;

(4)对声源在混响场中的辐射阻的研究不深入,尚未进行实验研究,混响场中声源辐射阻对辐射声功率影响机理不明确;

(5)尚未建立在混响场中准确测量声源低频辐射声功率的方法。

第 2 章　水下壳体结构声辐射预报的理论基础

本章从解析分析和数值计算两个层面，给出对大长径比壳体结构低频辐射声功率预报的基本理论和计算方法，并分析了利用附加水质量近似流固耦合作用对计算大长径比壳体结构低频振动特性的可行性，为后续等效算法的提出及验证提供理论基础。

2.1　复杂圆柱壳体结构声辐射解析计算方法

分析模型为敷设声学覆盖层的有限长加肋圆柱壳模型。壳内侧分布有环肋，壳外侧敷设声学覆盖层，壳内部为空气，整个模型浸没在无限大的水域中。假设圆柱壳为薄壳结构，两端圆面分别简支在刚性半无限长圆柱形的声障板上，柱形障板和圆柱壳半径相同。声学覆盖层视为均匀液体层。壳体振动位移、声压等物理量满足时间简谐变化关系，并忽略时间因子 $e^{j\omega t}$。圆柱壳结构在柱坐标系中如图 2－1 所示。

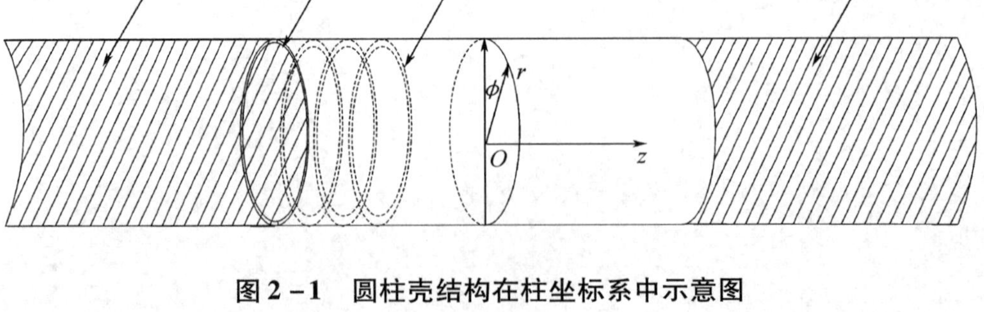

图 2－1　圆柱壳结构在柱坐标系中示意图

解析推导的思路为：由圆柱薄壳的 Donnell 运动方程，将环肋、声学覆盖层和外部激励力对壳体的作用采用壳体模态位移表示,并以载荷的形式施加到壳体的运动方程中去;外部水域满足波动方程,它对声学覆盖层的作用也用模态展开法分解。根据壳体的水下耦合振动方程,可求解外部激励力作用下的位移响应及外部声场。

2.1.1　壳体的运动方程

圆柱壳的振动满足 Donnell 方程[131]:

$$\begin{cases} \dfrac{\partial^2 u}{\partial z^2}+\dfrac{1-\gamma}{2a^2}\dfrac{\partial^2 u}{\partial \phi^2}+\dfrac{1+\gamma}{2a}\dfrac{\partial^2 v}{\partial \phi \partial z}+\dfrac{\gamma}{a}\dfrac{\partial w}{\partial z}-\dfrac{1}{c_{\mathrm{p}}^2}\dfrac{\partial^2 u}{\partial t^2}=0 \\ \dfrac{1+\gamma}{2a}\dfrac{\partial^2 u}{\partial z \partial \phi}+\dfrac{1-\gamma}{2}\dfrac{\partial^2 v}{\partial z^2}+\dfrac{1}{a^2}\dfrac{\partial^2 v}{\partial \phi^2}+\dfrac{1}{a^2}\dfrac{\partial w}{\partial \phi}-\dfrac{1}{c_{\mathrm{p}}^2}\dfrac{\partial^2 v}{\partial t^2}=0 \\ \dfrac{\gamma}{a}\dfrac{\partial u}{\partial z}+\dfrac{1}{a^2}\dfrac{\partial v}{\partial \phi}+\dfrac{w}{a^2}+\beta^2\left(a^2\dfrac{\partial^4 w}{\partial z^4}+2\dfrac{\partial^4 w}{\partial z^2 \partial \phi^2}+\dfrac{1}{a^2}\dfrac{\partial^4 w}{\partial \phi^4}\right)+\dfrac{1}{c_{\mathrm{p}}^2}\dfrac{\partial^2 w}{\partial t^2} \\ \qquad =\dfrac{1}{\rho_{\mathrm{p}} c_{\mathrm{p}}^2 h}(f+f_{\mathrm{r}}-p_{\mathrm{oc}}) \end{cases} \tag{2-1}$$

式中　c_{p}——纵波波速,$c_{\mathrm{p}}=\sqrt{E/(1-\gamma^2)\rho_{\mathrm{p}}}$;

β——算子,$\beta^2=h^2/12a^2$;

a——壳体半径;

γ——泊松比;

ρ_{p}——壳体材料密度;

h——壳的厚度;

E——壳体材料杨氏模量;

u,v,w——分别为圆柱壳中面的轴向、周向、径向位移分量;

f——施加在壳上的径向外部激励力;

f_{r}——环肋对壳的作用力;

p_{oc}——壳外的声学覆盖层对壳的作用力。

假设圆柱壳两端为简支边界条件,将壳的位移写成对称模态和反对称模态叠加的形式。设壳体轴向长度为 $2L$,坐标原点在圆柱壳中心,壳体位移可模态分解为

$$\begin{pmatrix} u(\phi,z) \\ v(\phi,z) \\ w(\phi,z) \end{pmatrix} = \sum_{\alpha=0}^{1}\sum_{n=0}^{\infty}\sum_{m=0}^{\infty}\begin{pmatrix} U_{nm}^{\alpha}\cos\left(n\phi+\dfrac{\alpha\pi}{2}\right)\sin(k_m z) \\ V_{nm}^{\alpha}\sin\left(n\phi+\dfrac{\alpha\pi}{2}\right)\cos(k_m z) \\ W_{nm}^{\alpha}\cos\left(n\phi+\dfrac{\alpha\pi}{2}\right)\cos(k_m z) \end{pmatrix} \tag{2-2}$$

式中，$-L\leqslant z\leqslant L, k_m=\dfrac{2m+1}{2}\pi\cdot L, \alpha=0$ 表示对称模态，$\alpha=1$ 表示非对称模态。将外部激励力、环肋和声学覆盖层对壳体的作用也进行模态分解，表示如下：

$$f=\sum_{\alpha=0}^{1}\sum_{n=0}^{\infty}\sum_{m=0}^{\infty}F_{nm}^{\alpha}\cos\left(n\phi+\frac{\alpha\pi}{2}\right)\cos(k_m z) \tag{2-3}$$

$$f_{\mathrm{r}}=\sum_{\alpha=0}^{1}\sum_{n=0}^{\infty}\sum_{m=0}^{\infty}F_{nm}^{\mathrm{r}\alpha}\cos\left(n\phi+\frac{\alpha\pi}{2}\right)\cos(k_m z) \tag{2-4}$$

$$p_{\mathrm{oc}}=\sum_{\alpha=0}^{1}\sum_{n=0}^{\infty}\sum_{m=0}^{\infty}P_{nm}^{\mathrm{oc}\alpha}\cos\left(n\phi+\frac{\alpha\pi}{2}\right)\cos(k_m z) \tag{2-5}$$

将式(2-2)～式(2-5)代入式(2-1)可得

$$\begin{bmatrix} s_{11} & s_{12} & s_{13} \\ s_{21} & s_{22} & s_{23} \\ s_{31} & s_{32} & s_{33} \end{bmatrix}\begin{pmatrix} U_{nm}^{\alpha} \\ V_{nm}^{\alpha} \\ W_{nm}^{\alpha} \end{pmatrix}=\begin{pmatrix} 0 \\ 0 \\ \dfrac{1}{\rho_{\mathrm{p}}c_{\mathrm{p}}^{2}h}(F_{nm}^{\alpha}+F_{nm}^{\mathrm{r}\alpha}-P_{nm}^{\mathrm{oc}\alpha}) \end{pmatrix} \tag{2-6}$$

式中

$$\left.\begin{aligned} s_{11}&=-k_m^2-\frac{1-\gamma}{2a^2}n^2+\frac{\omega^2}{c_{\mathrm{p}}^2},\ s_{12}=-\frac{1+\gamma}{2a}nk_m,\ s_{13}=-\frac{\gamma}{a}k_m \\ s_{21}&=-\frac{1+\gamma}{2a}nk_m,\ s_{22}=-\frac{1-\gamma}{2}k_m^2-\frac{n^2}{a^2}+\frac{\omega^2}{c_{\mathrm{p}}^2},\ s_{23}=-\frac{n}{a^2} \\ s_{31}&=\frac{\gamma}{a}k_m,\ s_{32}=\frac{n}{a^2},\ s_{33}=\frac{1}{a^2}+\beta^2\left(a^2k_m^4+2n^2k_m^2+\frac{n^4}{a^2}\right)-\frac{\omega^2}{c_{\mathrm{p}}^2} \end{aligned}\right\} \tag{2-7}$$

在圆柱壳耦合振动方程式(2-6)中，如果模态作用力 $F_{nm}^{\alpha}, F_{nm}^{\mathrm{r}\alpha}, P_{nm}^{\mathrm{oc}\alpha}$ 可以用壳体模态位移 $U_{nm}^{\alpha}, V_{nm}^{\alpha}, W_{nm}^{\alpha}$ 表示，则可以解得壳体模态位移。

2.1.2 外部激励力对壳体的作用

设在壳内壁上 $r=a, \phi=\phi_0, z=z_0$ 处，有一外部法向集中激励力

$$f(\phi,z) = f_0\delta(\phi - \phi_0)\delta(z - z_0) \tag{2-8}$$

对式(2-8)进行模态分解,则有

$$f(\phi,z) = \sum_{\alpha=0}^{1}\sum_{n=0}^{\infty}\sum_{m=0}^{\infty}F_{nm}^{\alpha}\cos\left(n\phi + \frac{\alpha\pi}{2}\right)\cos(k_m z) \tag{2-9}$$

则由模态正交性可得

$$F_{nm}^{\alpha} = \frac{1}{\pi L}f_0\cos\left(n\phi_0 + \frac{\alpha\pi}{2}\right)\cos(k_m z_0) \tag{2-10}$$

2.1.3　环肋对壳体的作用

对于圆柱壳的振动与声辐射问题,环肋对圆柱壳的径向运动起主要作用。为简化计算,忽略轴向、周向和力矩作用,仅考虑环肋对壳体的径向作用力。由壳与环肋连接处的位移连续性条件,可导出环肋截面质心的位移分量与壳中面位移分量之间的关系[132],即

$$\left.\begin{aligned}\bar{v} &= v\left(1 - \frac{e}{a}\right) - \frac{e}{a}\frac{\partial w}{\partial\phi}\\ \bar{w} &= w\end{aligned}\right\} \tag{2-11}$$

式中　$\bar{v},\bar{w}$——分别为环肋截面质心的周向和径向位移分量;

e——环肋截面质心到壳中面的偏心距,因为环肋为内肋,所以 e 取负值。

环肋的运动方程为

$$\frac{EI}{R_r^4}\left(\frac{\partial^4\bar{w}}{\partial\phi^4} - \frac{\partial^3\bar{v}}{\partial\phi^3}\right) + \frac{EA_r}{R_r^2}\left(\bar{w} + \frac{\partial\bar{v}}{\partial\phi}\right) + \rho_r A_r\frac{\partial^2\bar{w}}{\partial t^2} = \bar{f}_r(\phi,z) \tag{2-12}$$

式中　E——环肋材料的杨氏模量;

I——环肋惯性矩;

A_r——环肋截面积;

ρ_r——环肋材料密度;

R_r——算子,$R_r = a - e$;

$\bar{f}_r$——壳对环肋的径向作用力。

环肋对圆柱壳的作用力为

$$f_r(\phi,z) = -\bar{f}_r(\phi,z) \tag{2-13}$$

设环肋所在位置的轴向坐标为 z_r,则环肋处圆柱壳中面的位移为

$$\left.\begin{aligned} v(\phi,z_r) &= \sum_{\alpha=0}^{1}\sum_{n=0}^{\infty}\sum_{m=0}^{\infty} V_{nm}^{\alpha}\sin\left(n\phi+\frac{\alpha\pi}{2}\right)\cos(k_m z_r) \\ w(\phi,z_r) &= \sum_{\alpha=0}^{1}\sum_{n=0}^{\infty}\sum_{m=0}^{\infty} W_{nm}^{\alpha}\cos\left(n\phi+\frac{\alpha\pi}{2}\right)\cos(k_m z_r) \end{aligned}\right\} \tag{2-14}$$

将式(2-14)代入式(2-11),得

$$\left.\begin{aligned} \bar{v}(\phi,z_r) &= \sum_{\alpha=0}^{1}\sum_{n=0}^{\infty}\sum_{m=0}^{\infty}\left[V_{nm}^{\alpha}\left(1-\frac{e}{a}\right)+\frac{e}{a}nW_{nm}^{\alpha}\right]\sin\left(n\phi+\frac{\alpha\pi}{2}\right)\cos(k_m z_r) \\ (\phi,z_r) &= \sum_{\alpha=0}^{1}\sum_{n=0}^{\infty}\sum_{m=0}^{\infty} W_{nm}^{\alpha}\cos\left(n\phi+\frac{\alpha\pi}{2}\right)\cos(k_m z_r) \end{aligned}\right\} \tag{2-15}$$

联立式(2-12)、式(2-13)和式(2-15)可得

$$\begin{aligned} f_r(\phi,z_r) = \sum_{\alpha=0}^{1}\sum_{n=0}^{\infty}\sum_{m=0}^{\infty}\Bigg\{ &-\left[\left(\frac{EI}{R_r^4}n^3+\frac{EA_r}{R_r^2}n\right)\left(1-\frac{e}{a}\right)\right]V_{nm}^{\alpha} - \\ &\left[\left(\frac{EI}{R_r^4}n^4+\frac{EA_r}{R_r^2}-\rho_r A_r\omega^2\right)+\left(\frac{EI}{R_r^4}n^3+\frac{EA_r}{R_r^2}n\right)\frac{ne}{a}\right]W_{nm}^{\alpha}\Bigg\}\times \\ &\cos\left(n\phi+\frac{\alpha\pi}{2}\right)\cos(k_m z_r) \end{aligned} \tag{2-16}$$

由于环肋只在 $z=z_r$ 处对壳有作用,因此式(2-16)可以写为

$$\begin{aligned} f_r(\phi,z) = \sum_{\alpha=0}^{1}\sum_{n=0}^{\infty}\sum_{m=0}^{\infty}\Bigg\{ &-\left[\left(\frac{EI}{R_r^4}n^3+\frac{EA_r}{R_r^2}n\right)\left(1-\frac{e}{a}\right)\right]V_{nm}^{\alpha} - \\ &\left[\left(\frac{EI}{R_r^4}n^4+\frac{EA_r}{R_r^2}-\rho_r A_r\omega^2\right)+\left(\frac{EI}{R_r^4}n^3+\frac{EA_r}{R_r^2}n\right)\frac{ne}{a}\right]W_{nm}^{\alpha}\Bigg\}\times \\ &\cos\left(n\phi+\frac{\alpha\pi}{2}\right)\cos(k_m z)\delta(z-z_r) \end{aligned} \tag{2-17}$$

设环肋对壳的作用力可以模态分解为

$$f_r(\phi,z) = \sum_{\alpha=0}^{1}\sum_{n=0}^{\infty}\sum_{m=0}^{\infty} F_{nm}^{r\alpha}\cos\left(n\phi+\frac{\alpha\pi}{2}\right)\cos(k_m z) \tag{2-18}$$

则由模态正交性可得

$$F_{nm}^{r\alpha} = \frac{\cos(k_m z_r)}{L}\sum_{q=0}^{\infty} K_{nq}^{r\alpha}\cos(k_q z_r) \tag{2-19}$$

式中

$$K_{nq}^{r\alpha} = -\left[\left(\frac{EI}{R_r^4}n^3 + \frac{EA_r}{R_r^2}n\right)\left(1 - \frac{e}{a}\right)\right]V_{nq}^{\alpha} - \left[\left(\frac{EI}{R_r^4}n^4 + \frac{EA_r}{R_r^2} - \rho_r A_r \omega^2\right) + \left(\frac{EI}{R_r^4}n^3 + \frac{EA_r}{R_r^2}n\right)\frac{ne}{a}\right]W_{nq}^{\alpha} \tag{2-20}$$

从式(2－19)可以分析出,肋骨对壳的每一阶模态力是各阶轴向模态共同作用的结果。如果壳内侧有多条环肋,则用相同的方法,由式(2－19)和式(2－20)可以得到其他环肋对壳的作用力。

2.1.4　有限长圆柱面的辐射声阻抗

为分析方便,假设有限长圆柱面两端为无限长刚性障板,即有限长圆柱面之外的无限长刚性障板上的振速为零,因此,同前所述,声学覆盖层表面(圆柱面)的法向位移解为

$$w_f(\phi,z) = \begin{cases}\sum_{\alpha=0}^{1}\sum_{n=0}^{\infty}\sum_{m=0}^{\infty}W_{nm}^{f\alpha}\cos\left(n\phi + \frac{\alpha\pi}{2}\right)\cos(k_m z) & (|z| \leqslant L)\\ 0 & (|z| > L)\end{cases} \tag{2-21}$$

辐射声场的声压可以表示为

$$p_f(r,\phi,z) = \sum_{\alpha=0}^{1}\sum_{n=0}^{\infty}\sum_{m=0}^{\infty}A_{nm}^{\alpha}\,p_{rm}(r)p_{zm}(z)\cos\left(n\phi + \frac{\alpha\pi}{2}\right) \tag{2-22}$$

上式满足波动方程

$$\frac{\partial^2 p_f}{\partial r^2} + \frac{1}{r}\frac{\partial p_f}{\partial r} + \frac{1}{r^2}\frac{\partial^2 p_f}{\partial \phi^2} + \frac{\partial^2 p_f}{\partial z^2} + k^2 p_f = 0 \tag{2-23}$$

式中,$k = \frac{\omega}{c}$。

对式(2－21)和式(2－23)分别进行傅里叶(简称傅氏)变换[81],可得

$$\tilde{p}_f(r,\phi,\lambda) = \sum_{\alpha=0}^{1}\sum_{n=0}^{\infty}\sum_{m=0}^{\infty}A_{nm}^{\alpha}p_{rm}(r)\tilde{p}_{zm}(\lambda)\cos\left(n\phi + \frac{\alpha\pi}{2}\right) \tag{2-24}$$

式中,$\tilde{p}_{zm}(\lambda) = \int_{-\infty}^{+\infty} p_{zm}(z)\mathrm{e}^{\mathrm{j}\lambda z}\mathrm{d}z$。

$$\frac{\partial^2 \tilde{p}_f}{\partial r^2} + \frac{1}{r}\frac{\partial \tilde{p}_f}{\partial r} + \frac{1}{r^2}\frac{\partial^2 \tilde{p}_f}{\partial \phi^2} + (k^2 - \lambda^2)\tilde{p}_f = 0 \tag{2-25}$$

将式(2－24)代入式(2－25)，可得

$$\tilde{p}_f(r,\phi,\lambda) = \begin{cases} \sum_{\alpha=0}^{1}\sum_{n=0}^{\infty}\sum_{m=0}^{\infty} A_{nm}^{\alpha} H_n^{(2)}(\sqrt{k^2-\lambda^2}r)\tilde{p}_{zm}(\lambda)\cos\left(n\phi+\dfrac{\alpha\pi}{2}\right) & (k \geqslant \lambda) \\ \sum_{\alpha=0}^{1}\sum_{n=0}^{\infty}\sum_{m=0}^{\infty} A_{nm}^{\alpha} K_n(\sqrt{\lambda^2-k^2}r)\tilde{p}_{zm}(\lambda)\cos\left(n\phi+\dfrac{\alpha\pi}{2}\right) & (k < \lambda) \end{cases} \tag{2-26}$$

圆柱面表面的法向振速连续的边界条件为

$$\mathrm{j}\omega w_f(\phi,z) = -\frac{1}{\rho}\int\frac{\partial p_f}{\partial r}\mathrm{d}t = -\frac{1}{\mathrm{j}\omega\rho}\frac{\partial p_f}{\partial r}\bigg|_{r=R} \tag{2-27}$$

$$R = a_2 + h_f$$

式中　a_2——圆柱壳外壳半径；

h_f——声学覆盖层厚度。

对式(2－27)进行傅氏变换得到

$$\mathrm{j}\omega\tilde{w}_f(\phi,\lambda) = -\frac{1}{\mathrm{j}\omega\rho}\frac{\partial\tilde{p}_f}{\partial r}\bigg|_{r=R} \tag{2-28}$$

式中

$$\begin{aligned}\tilde{w}_f(\phi,\lambda) &= \int_{-\infty}^{+\infty} w_f(\phi,z)\mathrm{e}^{\mathrm{j}\lambda z}\mathrm{d}z \\ &= \sum_{\alpha=0}^{1}\sum_{n=0}^{\infty}\sum_{m=0}^{\infty} W_{nm}^{f\alpha}\cos\left(n\phi+\frac{\alpha\pi}{2}\right)\int_{-L}^{+L}\cos(k_m z)\mathrm{e}^{\mathrm{j}\lambda z}\mathrm{d}z\end{aligned} \tag{2-29}$$

$$\int_{-L}^{+L}\cos(k_m z)\mathrm{e}^{\mathrm{j}\lambda z}\mathrm{d}z = \frac{2k_m(-1)^m}{k_m^2-\lambda^2}\cos(\lambda L) \tag{2-30}$$

将式(2－30)代入式(2－29)可得

$$\tilde{w}_f(\phi,\lambda) = \sum_{\alpha=0}^{1}\sum_{n=0}^{\infty}\sum_{m=0}^{\infty} W_{nm}^{f\alpha}\cos\left(n\phi+\frac{\alpha\pi}{2}\right)\frac{2k_m(-1)^m}{k_m^2-\lambda^2}\cos(\lambda L) \tag{2-31}$$

将式(2－26)和式(2－31)代入式(2－28)并求解可得

$$
\mathrm{j}\omega\sum_{\alpha=0}^{1}\sum_{n=0}^{\infty}\sum_{m=0}^{\infty}W_{nm}^{f\alpha}\cos\left(n\phi+\frac{\alpha\pi}{2}\right)\frac{2k_m(-1)^m}{k_m^2-\lambda^2}\cos(\lambda L)
$$

$$
=\begin{cases}\displaystyle\sum_{\alpha=0}^{1}\sum_{n=0}^{\infty}\sum_{m=0}^{\infty}-\frac{1}{\mathrm{j}\omega\rho}A_{nm}^{\alpha}\sqrt{k^2-\lambda^2}H_n^{(2)\prime}(\sqrt{k^2-\lambda^2}R)\tilde{p}_{zm}(\lambda)\cos\left(n\phi+\frac{\alpha\pi}{2}\right) \\ \qquad (k\geqslant\lambda) \\ \displaystyle\sum_{\alpha=0}^{1}\sum_{n=0}^{\infty}\sum_{m=0}^{\infty}-\frac{1}{\mathrm{j}\omega\rho}A_{nm}^{\alpha}\sqrt{\lambda^2-k^2}K_n'(\sqrt{\lambda^2-k^2}R)\tilde{p}_{zm}(\lambda)\cos\left(n\phi+\frac{\alpha\pi}{2}\right) \\ \qquad (k<\lambda)\end{cases} \tag{2-32}
$$

$$
A_{nm}^{\alpha}\tilde{p}_{zm}(\lambda)=\begin{cases}\displaystyle\rho\omega^2W_{nm}^{f\alpha}\frac{2k_m(-1)^m}{k_m^2-\lambda^2}\cos(\lambda L)/[\sqrt{k^2-\lambda^2}H_n^{(2)\prime}(\sqrt{k^2-\lambda^2}R)] \\ \qquad (k\geqslant\lambda) \\ \displaystyle\rho\omega^2W_{nm}^{f\alpha}\frac{2k_m(-1)^m}{k_m^2-\lambda^2}\cos(\lambda L)/[\sqrt{\lambda^2-k^2}K_n'(\sqrt{\lambda^2-k^2}R)] \\ \qquad (k<\lambda)\end{cases} \tag{2-33}
$$

将式(2－33)代入式(2－26)可得

$$
\tilde{p}_f(r,\phi,\lambda)=\begin{cases}\displaystyle\sum_{\alpha=0}^{1}\sum_{n=0}^{\infty}\sum_{m=0}^{\infty}\rho\omega^2W_{nm}^{f\alpha}\frac{2k_m(-1)^m}{k_m^2-\lambda^2}\cos(\lambda L)\times \\ \displaystyle\qquad\frac{H_n^{(2)}(\sqrt{k^2-\lambda^2}r)}{\sqrt{k^2-\lambda^2}H_n^{(2)\prime}(\sqrt{k^2-\lambda^2}R)}\cos\left(n\phi+\frac{\alpha\pi}{2}\right)\quad(k\geqslant\lambda) \\ \displaystyle\sum_{\alpha=0}^{1}\sum_{n=0}^{\infty}\sum_{m=0}^{\infty}\rho\omega^2W_{nm}^{f\alpha}\frac{2k_m(-1)^m}{k_m^2-\lambda^2}\cos(\lambda L)\times \\ \displaystyle\qquad\frac{K_n(\sqrt{\lambda^2-k^2}r)}{\sqrt{\lambda^2-k^2}K_n'(\sqrt{\lambda^2-k^2}R)}\cos\left(n\phi+\frac{\alpha\pi}{2}\right)\quad(k<\lambda)\end{cases} \tag{2-34}
$$

对式(2－34)进行 z 维度的傅氏反变换可得

$$p_f(r,\phi,z)=\begin{cases}\sum_{\alpha=0}^{1}\sum_{n=0}^{\infty}\sum_{m=0}^{\infty}\frac{\rho\omega^2}{\pi}W_{nm}^{f\alpha}k_m(-1)^m\cos\left(n\phi+\frac{\alpha\pi}{2}\right)\times\\ \int_{-\infty}^{+\infty}\frac{1}{k_m^2-\lambda^2}\frac{1}{\sqrt{k^2-\lambda^2}}\frac{H_n^{(2)}(\sqrt{k^2-\lambda^2}r)}{H_n^{(2)\prime}(\sqrt{k^2-\lambda^2}R)}\cos(\lambda L)\mathrm{e}^{-\mathrm{j}\lambda z}\mathrm{d}\lambda\\ \qquad(k\geqslant\lambda)\\ \sum_{\alpha=0}^{1}\sum_{n=0}^{\infty}\sum_{m=0}^{\infty}\frac{\rho\omega^2}{\pi}W_{nm}^{f\alpha}k_m(-1)^m\cos\left(n\phi+\frac{\alpha\pi}{2}\right)\times\\ \int_{-\infty}^{+\infty}\frac{1}{k_m^2-\lambda^2}\frac{1}{\sqrt{\lambda^2-k^2}}\frac{K_n(\sqrt{\lambda^2-k^2}r)}{K_n'(\sqrt{\lambda^2-k^2}R)}\cos(\lambda L)\mathrm{e}^{-\mathrm{j}\lambda z}\mathrm{d}\lambda\\ \qquad(k<\lambda)\end{cases}$$

(2－35)

对圆柱面表面的作用力 $p_f(R,\phi,z)$ 进行如下模态分解，即

$$p_f(R,\phi,z)=\sum_{\alpha=0}^{1}\sum_{n=0}^{\infty}\sum_{m=0}^{\infty}P_{nm}^{f\alpha}\cos\left(n\phi+\frac{\alpha\pi}{2}\right)\cos(k_m z)\qquad(2-36)$$

由式(2－35)和式(2－36)，对 ϕ 在 $[-\pi,\pi]$ 内积分，对 z 在 $[-L,L]$ 内积分可得

$$P_{nm}^{f\alpha}=\sum_{q=0}^{\infty}W_{nm}^{f\alpha}Z_{nmq}\qquad(2-37)$$

式中

$$Z_{nmq}=\begin{cases}\frac{4\rho\omega^2}{\pi L}k_m k_q(-1)^{m+q}\int_0^{+\infty}\frac{1}{k_m^2-\lambda^2}\frac{1}{k_q^2-\lambda^2}\frac{1}{\sqrt{k^2-\lambda^2}}\frac{H_n^{(2)}(\sqrt{k^2-\lambda^2}r)}{H_n^{(2)\prime}(\sqrt{k^2-\lambda^2}R)}\times\\ \cos^2(\lambda L)\mathrm{d}\lambda\qquad(k\geqslant\lambda)\\ \frac{4\rho\omega^2}{\pi L}k_m k_q(-1)^{m+q}\int_0^{+\infty}\frac{1}{k_m^2-\lambda^2}\frac{1}{k_q^2-\lambda^2}\frac{1}{\sqrt{\lambda^2-k^2}}\frac{K_n(\sqrt{\lambda^2-k^2}r)}{K_n'(\sqrt{\lambda^2-k^2}R)}\times\\ \cos^2(\lambda L)\mathrm{d}\lambda\qquad(k<\lambda)\end{cases}$$

(2－38)

2.1.5 声学覆盖层对壳体的作用

实际的声学覆盖层的声学性能沿厚度方向（径向）是非均匀变化分布的，一

般采用分层均匀材料组合的模型来近似分析。根据壳与覆盖层接触面、各层声学覆盖层分层界面声压连续和振速连续的边界条件，可建立壳表面位移与覆盖层外表面位移的传递矩阵关系[133]。这里为了着重分析覆盖层对壳体的作用机理，假定覆盖层为单层均匀材料结构，多层覆盖层与此单层的分析方法类似。

声波在外部流体介质中传播满足波动方程式(2-23)，覆盖层外表面振速与界面处声压的关系，可令 $r=b$，由式(2-37)及式(2-38)得出，其中 b 是圆心至覆盖层外侧的半径。将声学覆盖层视为均匀液体层，层中声场同样满足 Helmholtz 方程：

$$\nabla^2 p_c + k_c^2 p_c = 0 \tag{2-39}$$

式中，k_c 为覆盖层中的纵波波数。覆盖层的长度和厚度有限，声波在厚度方向（径向）传播时由于界面的反射会形成驻波，可用 Bessel 函数表示；而在长度方向的模态要与壳体模态相同，则可写出覆盖层中声场的形式解：

$$p_c(r,\phi,z) = \sum_{\alpha=0}^{1}\sum_{n=0}^{\infty}\sum_{m=0}^{\infty} p_{nm}^{c\alpha}(r)\cos\left(n\phi + \frac{\alpha\pi}{2}\right)\cos(k_m z) \tag{2-40}$$

$$\left.\begin{aligned} p_{nm}^{c\alpha}(r) &= A_n^c J_n(k_r^c r) + B_n^c Y_n(k_r^c r) \\ k_r^{c2} &= k_c^2 - k_m^2 \end{aligned}\right\} \tag{2-41}$$

式中　$J_n(\cdot)$，$Y_n(\cdot)$——分别为第一类和第二类 Bessel 函数；

A_n^c，B_n^c——待定系数。

覆盖层与外部流体接触界面 $r=b$，满足声压和振速连续边界条件；覆盖层与壳表面接触界面 $r=a$，满足振速连续边界条件，声压等于式(2-6)中覆盖层对壳体的反作用力 $P_{nm}^{oc\alpha}$。忽略模态间的互辐射阻抗，令模态号 $q=m$，可根据式(2-36)和式(2-40)写出边界条件：

$$\left.\begin{aligned} P_{nm}^{f\alpha}(r)\big|_{r=b} &= P_{nm}^{c\alpha}(r)\big|_{r=b} \\ \frac{1}{\mathrm{i}\omega\rho_0}\frac{\partial P_{nm}^{f\alpha}(r)}{\partial r}\bigg|_{r=b} &= \frac{1}{\mathrm{i}\omega\rho_c}\frac{\partial P_{nm}^{c\alpha}(r)}{\partial r}\bigg|_{r=b} \\ \dot{W}_{nm}^{\alpha} &= \frac{1}{\mathrm{i}\omega\rho_c}\frac{\partial P_{nm}^{c\alpha}(r)}{\partial r}\bigg|_{r=a} \end{aligned}\right\} \tag{2-42}$$

将式(2-40)代入到式(2-42)中，可求出待定系数 A_n^c 和 B_n^c 用壳位移表示的形式，得

$$P_{nm}^{\mathrm{oc}\alpha} = P_{nm}^{\mathrm{c}\alpha}(r)\big|_{r=a} = \frac{\mathrm{i}\omega}{\Delta T}[T_2 J_n(k_r^{\mathrm{c}}a) - T_1 Y_n(k_r^{\mathrm{c}}a)]W_{nm}^{\alpha} \tag{2-43}$$

同样，可以将覆盖层外表面的振速用壳表面位移来表示，即

$$\dot{W}_{nm}^{f\alpha} = \frac{k_r^{\mathrm{c}}}{\rho_{\mathrm{c}}\Delta T}[T_2 J_n'(k_r^{\mathrm{c}}b) - T_1 Y_n'(k_r^{\mathrm{c}}b)]W_{nm}^{\alpha} \tag{2-44}$$

式中

$$\left.\begin{aligned} T_1 &= \frac{k_r^{\mathrm{c}}}{\mathrm{i}\omega\rho_{\mathrm{c}}}J_n'(k_r^{\mathrm{c}}b)Z_{nmm} - J_n(k_r^{\mathrm{c}}b) \\ T_2 &= \frac{k_r^{\mathrm{c}}}{\mathrm{i}\omega\rho_{\mathrm{c}}}Y_n'(k_r^{\mathrm{c}}b)Z_{nmm} - Y_n(k_r^{\mathrm{c}}b) \\ \Delta T &= \frac{k_r^{\mathrm{c}}}{\mathrm{i}\omega\rho_{\mathrm{c}}}Y_n'(k_r^{\mathrm{c}}a)T_1 - \frac{k_r^{\mathrm{c}}}{\mathrm{i}\omega\rho_{\mathrm{c}}}J_n'(k_r^{\mathrm{c}}a)T_2 \end{aligned}\right\} \tag{2-45}$$

2.1.6 壳体结构的振动与声辐射求解

通过前面的分析，将式(2－10)、式(2－19)和式(2－43)代入到式(2－6)中，并将F_{nm}^{α}，$F_{nm}^{r\alpha}$，$P_{nm}^{\mathrm{oc}\alpha}$中的模态号$m$进行$M$阶截断，可得第$(n,m)$阶的壳体耦合振动方程。需要注意的是，此时得到的方程中，由于$F_{nm}^{r\alpha}$是级数和，自身就包含了$2(M+1)$个未知量，则不能从此阶模态的耦合振动方程中求解出唯一解。但如果将第$(n,0)$阶至第(n,M)阶的耦合振动方程联立求解，即通过$3(M+1)$个非齐次方程组求解$3(M+1)$个未知量，则解唯一可求。

根据式(2－36)、式(2－43)和式(2－44)，在已求得壳表面位移W_{nm}^{α}的情况下，即可求得任一场点的声压$p_f(r,\phi,z)$及辐射声功率。其中壳体的辐射声功率可以由表面声强的表面积分得到[134]

$$\begin{aligned} P_W &= \int_{-L}^{L}\int_{-\pi}^{\pi}\mathrm{Re}\{p_{\mathrm{c}}(b,\phi,z)\cdot[\dot{w}_f(b,\phi,z)]^*\}b\mathrm{d}\phi\mathrm{d}z \\ &= \frac{\omega^2 S}{4}\mathrm{Re}\left(\sum_n\sum_m\frac{1}{\varepsilon_n}W_{nm}^{\alpha}Z_{nmm}W_{nm}^{\alpha *}\right) \end{aligned} \tag{2-46}$$

式中，“$*$”表示复共轭；S为壳体表面积；当$n=0$时，$\varepsilon_n=1$；当$n\neq0$时，$\varepsilon_n=2$。

如果不考虑环肋和声学覆盖层对壳体的作用，此时式(2－6)的右边的径向激励项仅有机械激励和声场对壳体作用，将式(2－7)和式(2－36)代入到式

(2－6)中,进行模态截断并求解出壳表面位移和声场。按照求解式(2－46)的方法,可求出简单壳的辐射声功率。

2.2 复杂壳体结构声辐射数值计算方法

利用有限元＋边界元方法计算结构振动声辐射问题的思路是:先建立结构的有限元模型,在结构外部的流体域施加吸收边界条件;求解有限元方程组,得到结构表面的法向振速;将其用作边界元模型的激励条件,进一步求解边界元方程组,得到结构在特定激励条件下的辐射声场。

2.2.1 有限元法

使用有限元法计算结构与声耦合问题时,需要在结构的外部构造一定"厚度"的流体域,对结构/流体组成的整体进行空间离散化,从而建立起有限元方程组,并在流体域的外部施加吸收边界条件。

真空中考虑阻尼的弹性结构振动的有限元方程为

$$\boldsymbol{M}_S\ddot{\boldsymbol{U}} + \boldsymbol{C}_S\dot{\boldsymbol{U}} + \boldsymbol{K}_S\boldsymbol{U} = \boldsymbol{F}_S \tag{2-47}$$

如果忽略阻尼,则方程简化为

$$\boldsymbol{M}_S\ddot{\boldsymbol{U}} + \boldsymbol{K}_S\boldsymbol{U} = \boldsymbol{F}_S \tag{2-48}$$

式中　$\boldsymbol{M}_S$——结构的质量矩阵;

$\boldsymbol{C}_S$——结构的阻尼矩阵;

$\boldsymbol{K}_S$——结构的刚度矩阵;

$\boldsymbol{F}_S$——结构的外部激励力向量;

$\boldsymbol{U}$——力激励下结构的位移响应向量。

当 $\boldsymbol{F}_S$ 为时间的任意函数时,方程式(2－48)是瞬态激励响应问题,可以利用隐式、显式等方法在时域上分步求解;而当$\{F_S\}$为时间的简谐函数时,约去式(2－48)两边时间因子后得到

$$-\omega^2\boldsymbol{M}_S\boldsymbol{u} + \boldsymbol{K}_S\boldsymbol{u} = \boldsymbol{f}_S \tag{2-49}$$

式中　ω——激励力的圆频率;

$\boldsymbol{u}$——位移响应分布向量；

$\boldsymbol{f}_S$——约去时间因子后的激励力向量。

考虑将弹性结构置于流体介质中的声学问题。流体与结构在交界面上的相互作用可以用声压对结构的面力表示。根据分布力与集中节点力做功相等的等效原则，将分布面力表达成等效的节点力，即

$$f_f = \int_S \boldsymbol{N}^{\mathrm{T}} P \mathrm{d}S \tag{2-50}$$

式中 P——表面声压；

$\boldsymbol{N}$——表面单元 S 的形函数矩阵。

声学介质的离散化基于流体不可压缩、无黏性的理想假设。联立式(2-48)与式(2-50)，得到弹性结构与流体耦合的动力学问题有限元方程，即

$$\begin{bmatrix} \boldsymbol{M}_S & \boldsymbol{0} \\ \rho_0 \boldsymbol{R} & \boldsymbol{M}_f \end{bmatrix} \begin{Bmatrix} \ddot{U} \\ \ddot{P} \end{Bmatrix} + \begin{bmatrix} \boldsymbol{K}_S & -\boldsymbol{R}^{\mathrm{T}} \\ \boldsymbol{0} & \boldsymbol{K}_f \end{bmatrix} \begin{Bmatrix} U \\ P \end{Bmatrix} = \begin{Bmatrix} \boldsymbol{F}_S \\ \boldsymbol{0} \end{Bmatrix} \tag{2-51}$$

其中耦合矩阵 $\boldsymbol{R}$ 有

$$\rho_0 \boldsymbol{R} = \rho_0 \int_S \overline{\boldsymbol{N}} \boldsymbol{n}^{\mathrm{T}} \boldsymbol{N}^{\mathrm{T}} \mathrm{d}S \tag{2-52}$$

式中 $\overline{\boldsymbol{N}}$——耦合面上流体形函数矩阵；

$\boldsymbol{N}$——结构单元在耦合面上的形函数矩阵；

$\boldsymbol{n}$——流固耦合面的法向量，$\boldsymbol{n} = [\boldsymbol{n}_x, \boldsymbol{n}_y, \boldsymbol{n}_z]$。

要通过式(2-51)求得浸没在流体中的结构振动，还需要使边界的声边界阻尼区为全吸收条件，即当辐射波满足远场条件时，该边界的波阻抗应近似为平面波阻抗。

利用有限单元法求解无限介质中的问题，其难度主要来自于如何满足 Sommerfeld 辐射条件，即

$$\lim_{r \to \infty} r \frac{d-1}{2} \left(P_r + \frac{1}{c} \dot{P} \right) = 0 \tag{2-53}$$

式中 r——场点到原点的距离；

d——问题的维数(2 为平面问题，3 为空间问题)；

P_r——声压在传播方向的导数。

经典的处理方法是在无限域中，在远离结构一定距离处进行截断，并在截断面上施加吸收边界条件。为了确定截断后的流体域方程中吸收边界上面单元的单元刚度矩阵和阻尼矩阵，对于三维空间问题，我们引入二阶条件[135]：

$$\dot{P}_{\mathrm{n}} + \gamma P_{\mathrm{n}} = -\frac{1}{c}\ddot{P} + \left(H - \frac{\gamma}{c}\right)\dot{p} + H\gamma P + \frac{c}{2\sqrt{EG}}\left[\left(\sqrt{\frac{G}{E}}P_u\right)_u + \left(\sqrt{\frac{G}{E}}P_v\right)_v\right] + \frac{c}{2}(H^2 - K)P \tag{2-54}$$

式中　下标 n——法向向量；

下标 u，v——正交的表面坐标轴（例如球坐标系下的 θ 和 ϕ）；

P_u，P_v——声压在 u，v 方向上的导数；

H，K——均值和高斯积分；

E，G——一般系数。

对式（2－54）有限元离散化，得到吸收边界上面单元的单元刚度矩阵和阻尼矩阵[136]，即

$$\boldsymbol{K}_a^{3D} = \frac{1}{2R}\begin{bmatrix} 2\int_{\Gamma_a^e} \boldsymbol{N}\boldsymbol{N}^{\mathrm{T}}\mathrm{d}A_e & R^2\int_{\Gamma_a^e} \overline{\nabla}^2\boldsymbol{N}\,\overline{\nabla}^2\boldsymbol{N}^{\mathrm{T}}\mathrm{d}A_e \\ R^2\int_{\Gamma_a^e} \overline{\nabla}^2\boldsymbol{N}^{\mathrm{T}}\,\overline{\nabla}^2\boldsymbol{N}\mathrm{d}A_e & -R^2\int_{\Gamma_a^e} \overline{\nabla}^2\boldsymbol{N}\,\overline{\nabla}^2\boldsymbol{N}^{\mathrm{T}}\mathrm{d}A_e \end{bmatrix} \tag{2-55}$$

$$\boldsymbol{C}_a^{3D} = \frac{1}{2C}\begin{bmatrix} 2\int_{\Gamma_a^e} \boldsymbol{N}\boldsymbol{N}^{\mathrm{T}}\mathrm{d}A_e & 0 \\ 0 & -R^2\int_{\Gamma_a^e} \overline{\nabla}^2\boldsymbol{N}\,\overline{\nabla}^2\boldsymbol{N}^{\mathrm{T}}\mathrm{d}A_e \end{bmatrix} \tag{2-56}$$

式中，$\mathrm{d}A_e$为面积微元。

2.2.2　边界元法

简谐激励下结构振动的辐射声压 p 应满足 Helmholtz 方程：

$$\nabla^2 p + k^2 p = 0 \tag{2-57}$$

Sommerfeld 辐射条件：

$$\left.\begin{aligned}\lim_{r\to\infty}\left[r\left(\frac{\partial p}{\partial r}-\mathrm{i}kp\right)\right]=0\\ r=|P-Q|\end{aligned}\right\}\tag{2-58}$$

式中　k——波数，$k=\omega/c$，其中 c 为流体介质中的声速；

Q——结构表面 S 上的任意点；

P——空间中的任意点。

以及在流、固耦合面上满足：

$$\frac{\partial p}{\partial \boldsymbol{n}}=-\mathrm{i}\omega\rho v_n\tag{2-59}$$

式中　ω——激励圆频率；

$\boldsymbol{n}$——S 的外法向单位矢量；

ρ——流体介质的密度；

v_{n}——S 上的法向振速。

利用格林公式以及自由空间上 Helmholtz 方程的基本解（格林函数）

$$G(Q,P)=\frac{\mathrm{e}^{-\mathrm{i}kr}}{4\pi r}\tag{2-60}$$

得到包围结构的封闭表面上的 Helmholtz 积分方程：

$$C(x)p(x)=\oint_S\left[-\frac{\partial G(x,y)}{\partial n_y}p(y)+G(x,y)\frac{\partial p(y)}{\partial n_y}\right]\mathrm{d}S_y\tag{2-61}$$

式中

$$C(x)=\begin{cases}0 & x\text{ 被边界包围}\\ 1-\oint_S\dfrac{\cos\beta}{4\pi r^2}\mathrm{d}S_y & x\text{ 在边界面上}\\ 1 & x\text{ 在边界面外}\end{cases}\tag{2-62}$$

对上述方程组使用 Galerkin 加权余量法进行离散化，得到了模型的边界元方程组：

$$\boldsymbol{Ap}=\boldsymbol{Bv}_{\mathrm{n}}\tag{2-63}$$

式中　$\boldsymbol{A},\boldsymbol{B}$——分别为系数矩阵；

$p,\boldsymbol{v}_{\mathrm{n}}$——分别为结构表面的节点声压和法向振速。

由于在结构表面 Helmholtz 积分方程对应的内场 Dirichlet 边值问题的特征

频率处,上述方程中矩阵存在奇异性,导致了解的非唯一性。为了解决解的非唯一性问题,过去数十年中学者提出了数种解决方法[137,138],其中最著名的是 Burton-Miller 法。Burton-Miller 方法的主要思想是对式(2-61)两端同时再求一次法向导数,从而得到

$$C(x)\frac{\partial P(x)}{\partial n_x}=\oint_S\left[-\frac{\partial G^2(x,y)}{\partial n_y\partial n_x}p(y)+\frac{\partial G(x,y)}{\partial n_x}\frac{\partial p(y)}{\partial n_y}\right]\mathrm{d}S_y \tag{2-64}$$

式(2-64)本身同样存在解的非唯一性问题,它的系数矩阵在对应内场问题的 Neumann 边值问题特征频率点上是奇异的。但通过将式(2-61)与式(2-64)进行先行组合,就可以得到一个在全部频率点上都有唯一解的边界元方程组,并且不影响式(2-63)的形式。相对于传统的边界元法及内点法,它引入了较大的额外计算量,但它具有很好的鲁棒性,因此得到了广泛应用。

在边界元方法的实施细节上,需要注意的问题主要是奇异积分问题(由格林函数及其导数中 r 趋于 0 导致的弱、强奇异积分,以及 Burton-Miller 方程中格林函数的二阶导数导致的超奇异积分)。

在后续的数值仿真过程中,v_n是已经通过有限元法计算得出的,则由式(2-63)很容易得到

$$\boldsymbol{Ap}=\boldsymbol{b} \tag{2-65}$$

式中,$\boldsymbol{b}$ 是由有限元法计算得出的确定向量。这种方法的好处是可以分别利用现有的有限元+边界元分析商业软件计算分析;不足是在边界元计算声场时要导入结构表面的网格单元,此时需要对分析结构的表面重新建模,并且网格节点要与有限元中结构表面节点一一对应,增加了额外的建模工作量。

2.3　细长壳体结构附加水质量计算方法

通过 2.2 节和 2.3 节的分析,壳体结构与周围水介质间的流固耦合作用是声辐射计算的难点。传统的解析计算方法要将壳体结构的振动与声场一同考虑并联立求解,计算受到边界条件及壳体线型等参数变化的制约。FEM+BEM 数值方法将结构的振动与声场分开计算,提高了声场分析的处理能力,但在求解壳体结构振动响应时,随着结构尺度的增大,流体有限单元数量将急剧增多,

限制了计算速度与精度。为了提高水下壳体结构振动特性的计算效率，引入船体振动学中常用的附加水质量概念，反映水对壳体结构低频振动的影响，近似计算流固耦合作用。

细长圆柱壳结构在水下振动时可以作为二维问题考虑，再进一步作三维修正。下面就分析无限长柱状结构在无限大流体中运动产生的二维流场，进而根据该流场求出三维结构在无限大流体中振动的附加水质量。根据势流理论，流场内质点的振速 $V(x,y)$ 和速度势函数 $\phi(x,y)$ 满足以下关系，即

$$V = \frac{\partial\phi}{\partial x} + \frac{\partial\phi}{\partial y} \tag{2-66}$$

$\phi(x,y)$ 满足拉普拉斯方程：

$$\Delta\phi = \frac{\partial^2\phi}{\partial x^2} + \frac{\partial^2\phi}{\partial y^2} = 0 \tag{2-67}$$

和无穷远边界条件：

$$\left.\begin{aligned} V_x &= \left.\frac{\partial\phi}{\partial x}\right|_{r\to\infty} = 0 \\ V_y &= \left.\frac{\partial\phi}{\partial y}\right|_{r\to\infty} = 0 \end{aligned}\right\} \tag{2-68}$$

式中 V_x, V_y——分别为流场在直角坐标系 Oxy 中 x 和 y 方向的速度分量；

r——场点到坐标原点的距离。

令无限流场域为 Γ，圆柱体截面周线为 C，沿 x 方向的速度记为 V_0，借助格林公式，流场的总动能 T 为

$$T = \iint_{\Gamma} \frac{\rho}{2} \nabla\phi \cdot \nabla\phi \mathrm{d}\Gamma = \frac{\rho}{2}\oint_C \frac{\partial\phi}{\partial \boldsymbol{n}} \cdot \phi \mathrm{d}C = \frac{1}{2} m_f V_0^2 \tag{2-69}$$

$$m_f = \frac{\rho}{V_0^2}\oint_C \frac{\partial\phi}{\partial \boldsymbol{n}} \cdot \phi \mathrm{d}C \tag{2-70}$$

式中 m_f——附加水质量；

$\boldsymbol{\rho}$——流体密度；

$\boldsymbol{n}$——流场周界的法向向量。

下面来确定 ϕ 的边界值。将拉普拉斯方程转化为二维极坐标系：

$$\frac{\partial^2\phi}{\partial r^2} + \frac{1}{r}\frac{\partial\phi}{\partial r} + \frac{1}{r^2}\frac{\partial^2\phi}{\partial\theta^2} = 0 \tag{2-71}$$

根据流固交接面振速连续的边界条件：

$$\left.\frac{\partial\phi}{\partial r}\right|_{r=R} = V_0\cos\theta \tag{2-72}$$

设 $\phi(r,\theta)=\varphi(r)\cos\theta V_0$，将其代入式(2－71)，并分离变量

$$\frac{\partial^2\varphi}{\partial r^2}+\frac{1}{r}\frac{\partial\varphi}{\partial r}-\frac{1}{r^2}\varphi = 0 \tag{2-73}$$

该方程满足边界式(2－72)的解是

$$\varphi(r) = -\frac{R^2}{r} \tag{2-74}$$

将式(2－74)代入到式(2－70)中，得

$$m_f = -\frac{\rho}{V_0^2}\int_0^{2\pi}\left.\frac{\partial\phi}{\partial r}\phi\right|_{r=R}R\mathrm{d}\theta = \rho\pi R^2 \tag{2-75}$$

至此，得到了理想二维圆柱体结构的附加水质量的计算公式，从式(2－75)也可以分析出单位长度圆柱体结构的附加水质量等于单位长度排开的水体积质量。但要获得三维圆柱壳结构的附加水质量，还需对二维计算公式进行三维修正。引入三维修正系数 k_n，它反映壳体结构以第 n 阶弯曲模态振动时的修正量，且随着壳体振动频率的升高而影响减小。则三维圆柱壳体结构做横向弯曲振动时的单位长度附加水质量可表示为

$$M_n = m_f\cdot k_n \tag{2-76}$$

其中 k_n 可由文献[86]以及国军标 GJB/Z 71—95 中查图谱获得。

2.4　复杂壳体结构声辐射预报方法的数值验证

由于本书内容重点分析典型圆柱壳结构的声振特性的低频预报方法及测量技术，为了方便解析方法和数值方法的比对，下面分别通过简支加肋圆柱壳的计算例验证方法的正确性，并计算比较采用附加水质量近似流固耦合作用的结构振动预报精度。

计算例中，圆柱壳的结构参数为 $L=40$ m，$R=1.75$ m，$h=0.015$ m，肋骨高度 $w=0.125$ m，肋骨厚度 $h'=0.007$ m，肋骨间距 $\Delta=0.4$ m，壳体与肋骨材料均为铁。在壳的长度方向 1/6 位置施加单位点力。解析计算时，假设圆柱壳简支

在半无限长圆柱障板上，由于流固耦合作用，声场与结构振动需要联合求解。在此计算例中结构尺度较大，通过有限元法进行流固耦合计算，若考虑声场计算精度，施加吸声边界，使得计算单元数过多，带来计算困难。若通过有限元法只计算结构振动响应，此时在数值建模时，为了避免附加水质量受到流体边界的影响，保证水下圆柱壳结构弯曲振动的计算精度，流体半径与圆柱壳半径的比值大于 5 即可[139]，大大减少了流体单元的数量。将计算结果以边界条件形式作用到结构表面，利用边界元法计算声场，则可提高计算效率与计算精度。在实际数值计算中，采用大型商业软件 ANSYS 进行有限元计算，使用 SYSNOISE 软件进行边界元计算，比较激励位置处位移振动响应和辐射声功率。

由图 2 - 2 可看出，解析方法与数值方法很好地吻合。由于解析计算假设圆柱壳简支在两个半无限上圆柱障板上，而数值计算模型以有限长圆柱壳近似，二者物理模型存在差异，因此计算结果低频比对好，高频偏差逐渐增大，但变化趋势及幅值相近。解析计算时周向模态丰富，因此振动响应较数值计算结果低频共振峰多，如图 2 - 2(a)所示。各阶模态的辐射效率不同，从图 2 - 2(b)可以分析出，梁式弯曲振动模态对结构低频辐射声功率贡献较大。

在计算其他边界条件的圆柱壳结构或者线型复杂的圆柱壳结构时，使用解析方法比较困难，这时则需要使用数值方法计算。为了提高计算效率，可采用附加水质量近似流固耦合作用。这里着重分析圆柱壳结构梁式振动对低频辐射声功率的影响，因此在应用附加水质量时仅考虑低阶的梁式弯曲振动模态近似计算。同样在 ANSYS 软件中进行有限元分析，但此时流固耦合作用通过增加圆柱壳的密度近似，不再划分流体网格，计算单元大幅度减少。进一步分析采用附加水质量的方法(AMM)计算结构振动特性的精度，作为验证算例，比较前 3 阶加肋圆柱壳梁式弯曲振动模态频率，并分别计算 2 Hz，8 Hz，17 Hz 激励位置处的径向位移响应，列于表 2 - 1。可以看出利用附加水质量近似流固耦合作用计算结构低阶梁式弯曲振动频率具有很好的精度，对应激励位置的位移响应随着激励频率靠近弯曲振动模态频率而增大，且幅值相近。

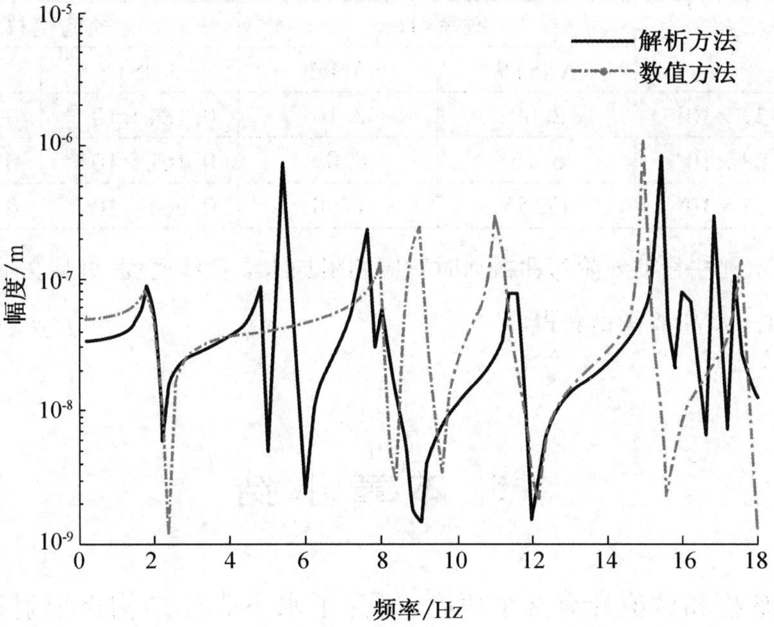

(a)

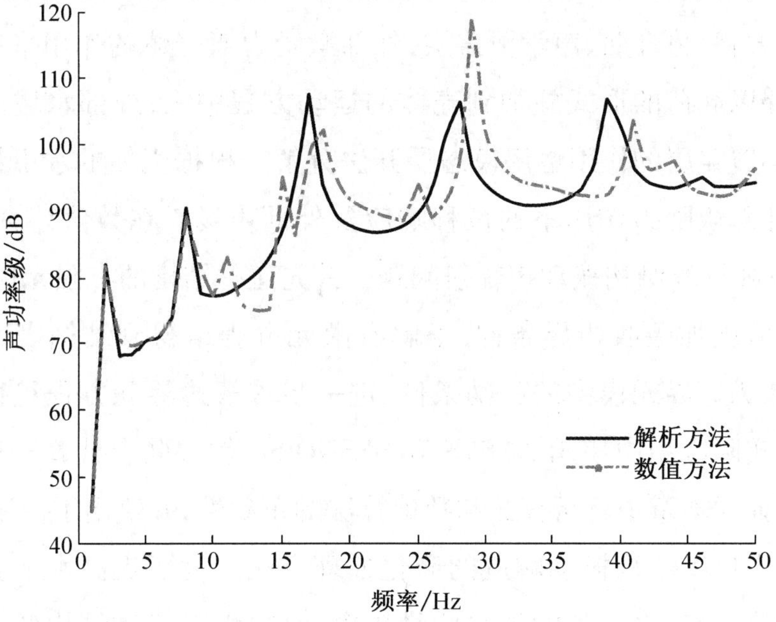

(b)

图 2 –2　解析方法与数值方法比对

(a)激励位置径向位移响应;(b)辐射声功率计算

表 2-1 加肋圆柱壳低频梁式弯曲振动模态频率及径向位移响应对比

阶号	M_n/(kg/m)	频率/Hz		径向位移/m	
		ANSYS	AMM	ANSYS	AMM
1	9.39×10^3	2.09	2.10	0.184×10^{-6}	0.179×10^{-6}
2	8.88×10^3	8.16	8.03	0.161×10^{-6}	0.314×10^{-6}
3	8.23×10^3	17.55	17.0	0.264×10^{-7}	0.707×10^{-7}

注:M_n 表示圆柱壳第 n 阶弯曲振动时对应的附加水质量线密度,可从文献[86]以及国军标 GJB/Z 71—95 中查图谱获得。

2.5 本章小结

本章从解析和数值计算两个角度,研究了水下壳体结构声辐射计算的理论方法。在解析计算中,研究了带声学覆盖层的加肋圆柱壳模型声辐射的计算方法。假设圆柱壳模型两端面分别简支在刚性半无限长圆柱形的障板上,由圆柱薄壳的运动方程,将环肋、声学覆盖层、外部激励力对壳体的作用采用壳体模态位移表示,并以载荷的形式施加到壳体的运动方程中去;外部水域满足波动方程,它对声学覆盖层的作用也用模态展开法分解。根据壳体的水下耦合振动方程,可求解外部激励力作用下的位移响应及外部声场。在数值计算中,利用的是 FEM + BEM 计算结构振动声辐射问题。首先建立结构的有限元模型,在结构外部的流体域施加吸收边界条件,求解有限元方程组得到结构表面的法向振速,并将其作为边界元模型的激励条件,进一步求解边界元方程组得到结构的辐射声场。实际应用中使用 ANSYS 和 SYSNOISE 软件联合计算实现。通过一个计算例验证了本章中解析算法和数值算法的正确性,并给出了使用 ANSYS 软件计算水下大尺度结构振动响应的简化处理方法。为了提高水下壳体结构振动特性的计算效率,引入了附加水质量概念,反映水对壳体结构低频振动的影响,近似代替流固耦合作用;给出了圆柱壳结构附加水质量的计算方法,并比较了采用附加水质量近似流固耦合作用的预报偏差。本章研究内容为结构振动声辐射计算分析的基本理论,为后续的典型圆柱壳结构的声振特性的低频预报方法研究提供比对验证的理论基础。

第 3 章 水下圆柱壳振动与声辐射低频等效算法

潜艇、鱼雷等水下有限长圆柱壳结构声振特性的解析和数值计算方法,由于流固耦合作用而比较复杂,为了提高计算效率,水下大长径比圆柱壳声振特性的低频等效算法得到了关注。对于大长径比($L/a>20$)的圆柱壳,结构最低阶模态频率对应于周向模态 $n=1$ 时的梁式弯曲振动频率,壳体上任意点的切向位移 v 和径向位移 w 大小相等,且它们的幅值满足 $V=-W$,则在某截面上的各质点位移大小相等,方向相同,相当于整个圆截面做刚体运动,这恰恰与简单二维梁理论的假设是相符的。如果仅考虑水下大长径比圆柱壳受横向激励时的低频域声辐射问题,采取合适的等效方法,可以通过计算水下梁的声辐射来预报圆柱壳的声辐射特性。

3.1 等效梁算法可行性分析

首先分析水下大长径比($L/a>20$)圆柱壳受到横向激励时,梁式振动模态($n=1$)对低频域声辐射的作用。水下圆柱壳振动的控制方程采用近似薄壳振动理论 Donnell 方程描述。假设圆柱壳简支在半无限长圆柱障板上,利用壳位移的模态叠加形式解,将振动控制方程在模态空间分解,并根据模态正交性和边界条件,进行空间傅里叶变换分析,可求得声场声压和声阻抗[131]。壳体的辐射声功率可以由表面声强的表面积分得到

$$P_W=\sum_{\alpha=0}^{1}\sum_{n=0}^{\infty}\sum_{m=0}^{\infty}\frac{1}{2}\pi L\mathrm{Re}(-\mathrm{j}\omega Z_{nmm}|W_{nm}^{\alpha}|^2)\tag{3-1}$$

式中 W_{nm}^{α}——位移模态幅值;

Z_{nmm}——对应模态号的声阻抗。

在已求得外壳表面位移 W_{nm}^{α} 的情况下，可计算壳体的辐射声功率。

数值计算圆柱壳的辐射声功率，分析梁式弯曲振动模态（$n=1$）对辐射声功率的影响。首先计算一个实例，圆柱壳结构参数为 $L=40$ m，$a=1.75$ m，$h=0.015$ m，$E=2.06\times10^{11}$ Pa，$\rho=7\ 800$ kg/m^3，两端简支边界条件，在 $L/2$ 位置施加一个单位点力。满足数值计算收敛性，分析圆周方向只取梁式弯曲振动模态（$n=1$）和取所有周向模态时对辐射声功率的影响，如图 3－1 所示。图中纵轴表示辐射声功率级，参考声功率为 0.67×10^{-18} W（后续所有的参考声功率均为此值），横轴表示频率范围。计算出的声功率在低频域与取所有周向模态计算出的基本相同。如果以图 3－1 中声功率低频域前三个峰值频率激励结构并计算位移响应，则对应于第 1，3，5 阶梁式弯曲振动模态结构振型。可以看出，水下圆柱壳低频声辐射特性主要决定于圆柱壳梁式振动模态。

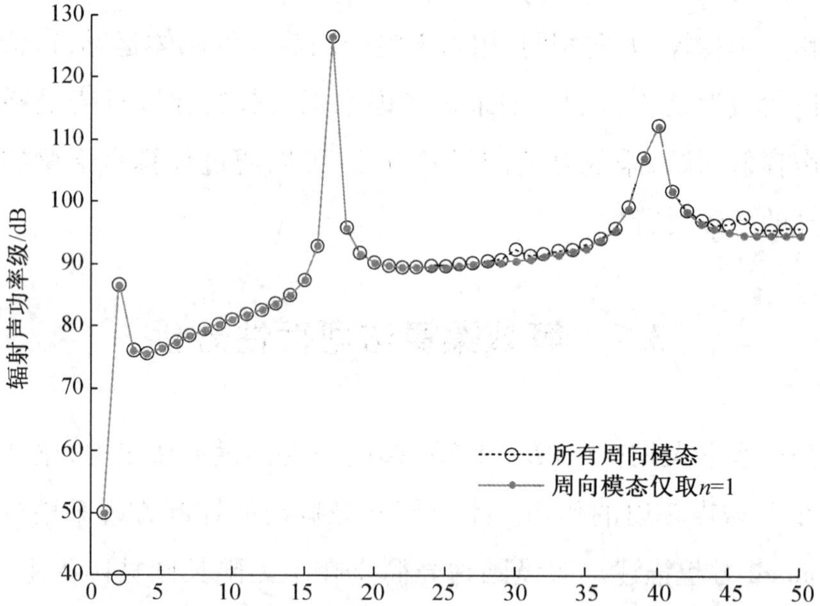

图 3－1　梁式弯曲振动模态对辐射声功率的影响

进一步计算表明，大长径比（$L/a>20$）的水下圆柱壳受横向激励时，梁式弯曲振动模态（$n=1$）对圆柱壳低频辐射声功率的贡献远大于其他周向模态，前 5 阶弯曲频率范围内的辐射声功率能量集中在 $n=1$ 的周向模态贡献上，因此仅用梁式弯曲振动模态等效计算水下圆柱壳低频辐射声功率是可行的。由于圆柱壳的最低阶模态频率对应于周向模态 $n=1$ 时的梁式弯曲振动频率,因此仅选取 $n=1$ 的周向模态计算圆柱壳的辐射声功率,第 1 阶弯曲振动频率以前的计算结果是准确的。而此处分析中没有考虑阻尼对各阶模态的作用,在前 5 阶弯曲振动频率范围内仅选取 $n=1$ 的周向模态计算圆柱壳的辐射声功率,可能漏掉因达到其他低阶周向模态共振带来的峰值,但由于这些共振模态对圆柱壳低频辐射声功率的贡献远小于梁式弯曲振动模态的,因此,此时的计算结果($n=1$)与取所有周向模态的计算结果变化规律一致。

3.2 水下梁声辐射解析计算方法

本节给出水下梁声辐射的解析分析方法,作为后续计算工作的验证方法。

有限长简支梁,只考虑横向位移,则径向位移为

$$W(z) = \sum_m W_m \cos\phi \sin(k_m z) \tag{3-2}$$

式中,$k_m = \dfrac{m}{L}\pi\,(m=0,1,2,\cdots)$。

声场中声压 $P(r,\phi,z)\mathrm{e}^{\mathrm{j}\omega t}$ 满足 Helmholtz 方程及边界条件

$$\begin{cases} \nabla^2 P + k^2 P = 0, \quad k = \dfrac{\omega}{c} \\ \ddot{W}(z) = -\dfrac{1}{\rho}\dfrac{\partial P(r,\phi,z)}{\partial r}\bigg|_{r=a} \end{cases} \tag{3-3}$$

由于要满足式(3-3)中第 2 个边界条件,其中 $W(z)$ 的变化区域为 $[0,L]$,而 $P(r,\phi,z)$ 的 Z 方向变化区域为 $(-\infty,\infty)$。它们的定义域不同,需要作傅里叶变换,即 $Z\to\lambda$,并记

$$\tilde{f}_m(\lambda) = \int_{-\infty}^{\infty} \sin(k_m z)\mathrm{e}^{\mathrm{j}\lambda z}\mathrm{d}z = \int_0^L \sin(k_m z)\mathrm{e}^{\mathrm{j}\lambda z}\mathrm{d}z \tag{3-4}$$

则对式(3-3)中第 2 个方程左边作傅里叶变换,得

$$\mathscr{F}[\ddot{W}(z)] = \sum_m W_m(-\omega^2)\cos\phi \tilde{f}_m(\lambda) \tag{3-5}$$

对式(3-3)中第 1 个方程 $P(r,\phi,z)$ 进行分离变数,其中圆周方向分量与

梁的径向位移形式相同,记为

$$P(r,\phi,z) = AP_{rz}(r,z)\cos\phi \tag{3-6}$$

式中,A 表示一个系数。满足式(3-3)中第1个方程,在柱坐标下

$$\frac{\partial^2 P}{\partial r^2} + \frac{1}{r}\frac{\partial P}{\partial r} + \frac{1}{r^2}\frac{\partial^2 P}{\partial \phi^2} + \frac{\partial^2 P}{\partial z^2} + k^2 P = 0 \tag{3-7}$$

将式(3-6)代入上式

$$A\frac{\partial^2 P_{rz}}{\partial r^2}\cos\phi + A\frac{1}{r}\frac{\partial P_{rz}}{\partial r}\cos\phi - A\frac{1}{r^2}P_{rz}\cos\phi + A\frac{\partial^2 P}{\partial z^2}\cos\phi + Ak^2 P_{rz}\cos\phi = 0 \tag{3-8}$$

约去系数 A 和 $\cos\phi$,并对上式作傅里叶变换,即 $Z\rightarrow\lambda$,并利用

$$\mathscr{F}\left(\frac{\partial^2 P_{rz}}{\partial z^2}\right) = \frac{\partial^2 \int_{-\infty}^{\infty} P_{rz}\cdot e^{j\lambda z}dz}{\partial z^2} = (j\lambda)^2 \tilde{P}_{rz} \tag{3-9}$$

得到

$$\frac{\partial^2 \tilde{P}_{rz}}{\partial r^2} + \frac{1}{r}\frac{\partial \tilde{P}_{rz}}{\partial r} - \frac{1}{r^2}\tilde{P}_{rz} - \lambda^2 \tilde{P}_{rz} + k^2 \tilde{P}_{rz} = 0 \tag{3-10}$$

上式可写成 Bessel 方程形式,即

$$\frac{\partial^2 \tilde{P}_{rz}}{\partial r^2} + \frac{1}{r}\frac{\partial \tilde{P}_{rz}}{\partial r} + \left(k^2 - \lambda^2 - \frac{1}{r^2}\right)\tilde{P}_{rz} = 0 \tag{3-11}$$

则满足上式 Bessel 方程的解为1阶二类 Hankel 函数形式

$$\tilde{P}_{rz}(r,\lambda) = H_1^{(2)}\left(\sqrt{k^2 - \lambda^2}\cdot r\right) \tag{3-12}$$

进一步对式(3-3)中第2个方程右边作傅里叶变换:

$$\mathscr{F}\left(-\frac{1}{\rho}\frac{\partial P(r,\phi,z)}{\partial r}\bigg|_{r=a}\right) = -A\frac{1}{\rho}\sqrt{k^2-\lambda^2}\left[H_1^{(2)}\left(\sqrt{k^2-\lambda^2}\cdot a\right)\right]'\cos\phi \tag{3-13}$$

对式(3-3)中第2个方程作傅里叶变换,即满足式(3-5)=式(3-13)。

$$\sum_m W_m(-\omega^2)\cos\phi \tilde{f}_m(\lambda) = -A\frac{1}{\rho}\sqrt{k^2-\lambda^2}\left[H_1^{(2)}\left(\sqrt{k^2-\lambda^2}\cdot a\right)\right]'\cos\phi \tag{3-14}$$

$$A = \frac{\rho\omega^2 \sum_m W_m \tilde{f}_m(\lambda)}{\sqrt{k^2 - \lambda^2}\left[H_1^{(2)}(\sqrt{k^2 - \lambda^2} \cdot a)\right]'} \tag{3-15}$$

得到作傅里叶变换后的声压表达式

$$\tilde{P}(r,\phi,\lambda) = \frac{\rho\omega^2 H_1^{(2)}(\sqrt{k^2 - \lambda^2} \cdot r)}{\sqrt{k^2 - \lambda^2}\left[H_1^{(2)}(\sqrt{k^2 - \lambda^2} \cdot a)\right]'} \sum_m W_m \tilde{f}_m(\lambda)\cos\phi \tag{3-16}$$

对上式进行傅里叶反变换，即 $\lambda \to Z$，得到

$$P(r,\phi,z) = \frac{1}{2\pi}\int_{-\infty}^{\infty} \frac{\rho\omega^2 H_1^{(2)}(\sqrt{k^2 - \lambda^2} \cdot r)}{\sqrt{k^2 - \lambda^2}\left[H_1^{(2)}(\sqrt{k^2 - \lambda^2} \cdot a)\right]'} \times \sum_m W_m \tilde{f}_m(\lambda)\cos\phi \cdot \mathrm{e}^{-\mathrm{j}\lambda z}\mathrm{d}\lambda \tag{3-17}$$

作用在梁上的水压力，记为 $P(a,\phi,z)$，即为沿梁圆周方向水压力在 x 方向的投影之和，则作用在单位长度梁上的水压力 $\bar{P}_c$ 为

$$\begin{aligned}\bar{P}_c &= -\int_0^{2\pi} P(a,\phi,z)\, a\cos\phi\,\mathrm{d}\phi \\ &= \frac{-a\rho\omega^2}{2}\int_{-\infty}^{\infty} \frac{H_1^{(2)}(\sqrt{k^2 - \lambda^2} \cdot r)}{\sqrt{k^2 - \lambda^2}\left[H_1^{(2)}(\sqrt{k^2 - \lambda^2} \cdot a)\right]'} \sum_m W_m \tilde{f}_m(\lambda) \cdot \mathrm{e}^{-\mathrm{j}\lambda z}\mathrm{d}\lambda\end{aligned} \tag{3-18}$$

以上各式中 ρ 为水密度。忽略梁振动阻尼，弯曲梁在水中自由振动方程为欧拉梁模型，忽略 $\mathrm{e}^{\mathrm{j}\omega t}$，得

$$EI\frac{\partial^4 W}{\partial z^4} + M\frac{\partial^2 W}{\partial t^2} = \bar{P}_c(a,z) \tag{3-19}$$

$$EI\frac{\partial^4 W}{\partial z^4} - \rho_b S\omega^2 W = \bar{P}_c(a,z) \tag{3-20}$$

进一步对水压力 $\bar{P}_c$ 进行模态分解，写出如下形式

$$\bar{P}_c(a,z) = \sum_m P_m \sin(k_m z) \tag{3-21}$$

两边同乘以 $\sin(k_m z)$，并由 $[0,L]$ 域上的正交性，求出系数 P_m，即

$$P_m = \frac{-a\rho\omega^2}{2(L/2)}\int_{-\infty}^{\infty} \frac{H_1^{(2)}(\sqrt{k^2 - \lambda^2} \cdot a)}{\sqrt{k^2 - \lambda^2}\left[H_1^{(2)}(\sqrt{k^2 - \lambda^2} \cdot a)\right]'} \times$$

$$\sum_m W_m \tilde{f}_m(\lambda) \cdot \int_0^L \sin(k_m z) \cdot \mathrm{e}^{-\mathrm{j}\lambda z} \mathrm{d}z \cdot \mathrm{d}\lambda \tag{3-22}$$

展开为

$$\begin{aligned} P_m = & \frac{-a\rho\omega^2}{2(L/2)} \int_{-\infty}^{\infty} \frac{H_1^{(2)}(\sqrt{k^2-\lambda^2}\cdot a)}{\sqrt{k^2-\lambda^2}[H_1^{(2)}(\sqrt{k^2-\lambda^2}\cdot a)]'} \times \\ & \sum_m W_m \cdot \frac{k_m}{\lambda^2-k_m^2}[(-1)^m \mathrm{e}^{\mathrm{j}\lambda L}-1] \times \\ & \frac{k_m}{\lambda^2-k_m^2}[(-1)^m \mathrm{e}^{-\mathrm{j}\lambda L}-1]\mathrm{d}\lambda \end{aligned} \tag{3-23}$$

交换求和号和积分顺序,有

$$\begin{aligned} P_m = & \frac{-a\rho\omega^2}{2(L/2)} \sum_m W_m \cdot \int_{-\infty}^{\infty} \frac{H_1^{(2)}(\sqrt{k^2-\lambda^2}\cdot a)}{\sqrt{k^2-\lambda^2}[H_1^{(2)}(\sqrt{k^2-\lambda^2}\cdot a)]'} \times \\ & \frac{k_m}{\lambda^2-k_m^2}[(-1)^m \mathrm{e}^{\mathrm{j}\lambda L}-1] \cdot \frac{k_m}{\lambda^2-k_m^2}[(-1)^m \mathrm{e}^{-\mathrm{j}\lambda L}-1]\mathrm{d}\lambda \end{aligned} \tag{3-24}$$

式中

$$\tilde{f}_m(\lambda) = \begin{cases} \int_0^L \sin(k_m z)\cdot \mathrm{e}^{\mathrm{j}\lambda z}\mathrm{d}z = \frac{k_m}{\lambda^2-k_m^2}[(-1)^m \mathrm{e}^{\mathrm{j}\lambda L}-1], \\ \int_0^L \sin(k_m z)\cdot \mathrm{e}^{-\mathrm{j}\lambda z}\mathrm{d}z = \frac{k_m}{\lambda^2-k_m^2}[(-1)^m \mathrm{e}^{-\mathrm{j}\lambda L}-1] \\ \qquad (m=0,1,2,3,\cdots) \end{cases} \tag{3-25}$$

将梁位移解和水压力代入上式,满足 $\phi=0$ 平面对称条件,展开为

$$EI\sum_m W_m k_m^4 \sin(k_m z) - \rho_b S\omega^2 \sum_m W_m \sin(k_m z) = \sum_m P_m \sin(k_m z) \tag{3-26}$$

式中,$k_m = \frac{m}{L}\pi\ (m=0,1,2,\cdots)$。

由于

$$\int_0^L \sin(k_m z)\cdot\sin(k_n z)\mathrm{d}z = \begin{cases} \frac{L}{2} & (m=n) \\ 0 & (m\neq n) \end{cases} \tag{3-27}$$

将上展开式两边同乘以 $\sin(k_m z)$,再在 $[0,L]$ 域上积分,去掉左边的求和号,得

$$
\begin{aligned}
& EIW_m k_m^4 \frac{L}{2} - \rho_b S\omega^2 W_m \frac{L}{2} \\
&= \frac{L}{2} P_m \\
&= \frac{L}{2} \frac{-a\rho\omega^2}{2(L/2)} \sum_m W_m \cdot \int_{-\infty}^{\infty} \frac{H_1^{(2)}(\sqrt{k^2-\lambda^2} \cdot a)}{\sqrt{k^2-\lambda^2}[H_1^{(2)}(\sqrt{k^2-\lambda^2} \cdot a)]'} \cdot \\
& \frac{k_m}{\lambda^2-k_m^2}[(-1)^m e^{j\lambda L} - 1] \cdot \frac{k_m}{\lambda^2-k_m^2}[(-1)^m e^{-j\lambda L} - 1] d\lambda
\end{aligned} \tag{3-28}
$$

式中，$k_m = \frac{m}{L}\pi \ (m=0,1,2,\cdots)$。

弯曲梁在水中的受迫响应满足方程

$$
EI \frac{\partial^4 W}{\partial z^4} + M \frac{\partial^2 W}{\partial t^2} = \bar{P}_c(a,z) + f_0 \delta(z - z_0) \tag{3-29}
$$

将激励力进行模态分解，对于点力写成如下形式

$$
f_0 \delta(z - z_0) = \sum_m F_m \sin(k_m z) \tag{3-30}
$$

两边同乘以 $\sin(k_m z)$，并由[0,L]域上的正交性，求出系数 F_m，即

$$
\int_0^L f_0 \delta(z - z_0) \cdot \sin(k_m z) dz = F_m \frac{L}{2}
$$

$$
f_0 \sin(k_m z_0) = F_m \frac{L}{2}
$$

$$
F_m = \frac{2 f_0 \sin(k_m z_0)}{L} \tag{3-31}
$$

将受迫响应方程写成模态叠加形式，即

$$
EI \sum_m W_m k_m^4 \sin(k_m z) - \rho_b S\omega^2 \sum_m W_m \sin(k_m z) = \sum_m P_m \sin(k_m z) + \sum_m F_m \sin(k_m z) \tag{3-32}
$$

式中，$k_m = \frac{m}{L}\pi \ (m=0,1,2,\cdots)$。

将上式两边同乘以 $\sin(k_m z)$，再在[0,L]域上积分，得

$$
EIW_m k_m^4 \frac{L}{2} - \rho_b S\omega^2 W_m \frac{L}{2} + \frac{a\rho\omega^2}{2} \sum_m W_m \times
$$

$$\int_{-\infty}^{+\infty}\frac{H_1^{(2)}(\sqrt{k^2-\lambda^2}\cdot a)}{\sqrt{k^2-\lambda^2}[H_1^{(2)}(\sqrt{k^2-\lambda^2}\cdot a)]'}\frac{k_m}{\lambda^2-k_m^2}[(-1)^m e^{j\lambda L}-1]\times$$

$$\frac{k_m}{\lambda^2-k_m^2}[(-1)^m e^{-j\lambda L}-1]d\lambda = f_0\sin(k_m z_0) \tag{3-33}$$

式中,$k=\dfrac{\omega}{c}$;$k_m=\dfrac{m}{L}\pi\ (m=0,1,2,\cdots)$。

上式为 λ 的偶函数,整理为

$$EIW_m k_m^4\frac{L}{2}-\rho_b S\omega^2 W_m\frac{L}{2}+a\rho\omega^2\sum_m W_m\times$$

$$\int_{-\infty}^{+\infty}\frac{H_1^{(2)}(\sqrt{k^2-\lambda^2}\cdot a)}{\sqrt{k^2-\lambda^2}[H_1^{(2)}(\sqrt{k^2-\lambda^2}\cdot a)]'}\left(\frac{k_m}{\lambda^2-k_m^2}\right)^2\times$$

$$2[1-(-1)^m\cos(\lambda L)]d\lambda = f_0\sin(k_m z_0) \tag{3-34}$$

式中,$k=\dfrac{\omega}{c}$;$k_m=\dfrac{m}{L}\pi\ (m=0,1,2,\cdots)$。

为方便计算,将求和号里面的 m 替换为 n,定义域不变。则上式写成

$$EIW_m k_m^4\frac{L}{2}-\rho_b S\omega^2 W_m\frac{L}{2}+a\rho\omega^2\sum_n W_n\times$$

$$\int_{0}^{\infty}\frac{H_1^{(2)}(\sqrt{k^2-\lambda^2}\cdot a)}{\sqrt{k^2-\lambda^2}[H_1^{(2)}(\sqrt{k^2-\lambda^2}\cdot a)]'}\left(\frac{k_n}{\lambda^2-k_n^2}\right)^2\times$$

$$2[1-(-1)^n\cos(\lambda L)]d\lambda = f_0\sin(k_m z_0) \tag{3-35}$$

式中,$k=\dfrac{\omega}{c}$;$k_m=\dfrac{m}{L}\pi\ (m=0,1,2,\cdots)$;$k_n=\dfrac{n}{L}\pi\ (n=0,1,2,\cdots)$。

利用上式,通过求解 $m\times n$ 非齐次方程组(其中 $m=n$)中的 m 个未知数,得到各阶模态的位移系数 W_m。

如果考虑梁的剪切及弯矩作用,梁的振动控制方程则可写为铁摩辛柯梁方程:

$$EI\frac{\partial^4 W}{\partial z^4}+M\frac{\partial^2 W}{\partial t^2}-M\frac{I}{S}\frac{\partial^4 W}{\partial z^2\partial t^2}+\frac{M}{\Bbbk SG}\left(M\frac{I}{S}\frac{\partial^4 W}{\partial t^4}-EI\frac{\partial^4 W}{\partial z^2\partial t^2}\right)$$

$$=\bar{P}_c(a,z)+f_0\delta(z-z_0) \tag{3-36}$$

式中　E——杨氏模量;

L——转动惯量；

W——横向位移；

M——线密度；

S——截面积；

G——前切模量；

$\Bbbk$——截面的形状系数。

按照上述欧拉梁的求解方法，最终得到

$$\left[EIk_m^4-\rho_b S\omega^2-\rho_b I\omega^2k_m^2+\frac{\rho_b}{\Bbbk G}(\rho_b I\omega^4-EI\omega^2k_m^2)\right]\cdot W_m\frac{L}{2}+$$

$$a\rho\omega^2\sum_n W_n\cdot\int_0^\infty\frac{H_1^{(2)}(\sqrt{k^2-\lambda^2}\cdot a)}{\sqrt{k^2-\lambda^2}[H_1^{(2)}(\sqrt{k^2-\lambda^2}\cdot a)]'}\left(\frac{k_n}{\lambda^2-k_n^2}\right)^2\times$$

$$2[1-(-1)^n\cos(\lambda L)]\mathrm{d}\lambda=f_0\sin(k_m z_0)\tag{3-37}$$

式中，$k=\dfrac{\omega}{c}$；$k_m=\dfrac{m}{L}\pi$ $(m=0,1,2,\cdots)$；$k_n=\dfrac{n}{L}\pi$ $(n=0,1,2,\cdots)$。

下面来求梁的辐射声功率。对于谐和激励，声场中某点(r,ϕ,z)的平均声强为

$$I(r,\phi,z)=\frac{1}{2}\mathrm{Re}[P(r,\phi,z)\times v^*(r,\phi,z)]\tag{3-38}$$

声功率等于梁表面声强的面积分，即

$$\prod(\omega)=\int_0^L\int_0^{2\pi}I(a,\phi,z)\cdot a\mathrm{d}\phi\mathrm{d}z\tag{3-39}$$

将声压和振速的表达式代入上式，并利用 $\dot{W}(z)=\mathrm{i}\omega W(z)$，符号“( )*”表示对“( )”求共轭，“Re( )”表示对“( )”取实部，展开为

$$\prod(\omega)=\int_0^L\int_0^{2\pi}\frac{1}{2}\mathrm{Re}\left\{\frac{1}{2\pi}\int_{-\infty}^{\infty}\frac{\rho\omega^2H_1^{(2)}(\sqrt{k^2-\lambda^2}\cdot a)}{\sqrt{k^2-\lambda^2}[H_1^{(2)}(\sqrt{k^2-\lambda^2}\cdot a)]'}\times\right.$$

$$\left.\sum_m W_m\tilde{f}_m(\lambda)\cos\phi\cdot\mathrm{e}^{-\mathrm{j}\lambda z}\mathrm{d}\lambda\cdot\left[\mathrm{i}\omega\sum_n W_n\cos\phi\sin(k_n z)\right]^*\right\}\cdot a\mathrm{d}\phi\mathrm{d}z$$

$$\tag{3-40}$$

交换积分顺序，对变量 ϕ,z 求积分，整理为

$$\prod(\omega)=\mathrm{Re}\left\{\frac{-\mathrm{i}\rho\omega^3a}{4}\sum_m\sum_n W_mW_n^*\int_{-\infty}^{\infty}\frac{H_1^{(2)}(\sqrt{k^2-\lambda^2}\cdot a)}{\sqrt{k^2-\lambda^2}[H_1^{(2)}(\sqrt{k^2-\lambda^2}\cdot a)]'}\times\right.$$

$$\frac{k_m}{\lambda^2 - k_m^2}[(-1)^m e^{j\lambda L} - 1] \cdot \frac{k_n}{\lambda^2 - k_n^2}[(-1)^n e^{-j\lambda L} - 1] \cdot d\lambda\Big\}$$

$$(m,n = 0,1,2,\cdots) \qquad (3-41)$$

对于上式积分,当 m 与 n 同为奇数或偶数时,被积函数对变量 λ 为偶函数;否则被积函数对变量 λ 为奇函数。可进一步化简为

$$\prod(\omega) = \mathrm{Re}\Big\{\frac{-i\rho\omega^3 a}{2}\sum_m\sum_n W_m W_n^* \int_0^\infty \frac{H_1^{(2)}(\sqrt{k^2-\lambda^2}\cdot a)}{\sqrt{k^2-\lambda^2}[H_1^{(2)}(\sqrt{k^2-\lambda^2}\cdot a)]'} \times$$

$$\frac{k_m}{\lambda^2 - k_m^2}[(-1)^m e^{j\lambda L} - 1] \cdot \frac{k_n}{\lambda^2 - k_n^2}[(-1)^n e^{-j\lambda L} - 1] \cdot d\lambda\Big\}$$

$$(m,n = 0,1,2,\cdots) \qquad (3-42)$$

3.3 水下梁声辐射传递矩阵法数值计算

从3.2节的分析可以看出,水对梁的耦合作用是解析分析的难点,使得解析法的应用受到边界条件、截面线型及附加载荷的限制。借鉴船体振动理论,采用附加水质量近似流固耦合作用的方法,可以将结构水下低频振动与声场分开计算。对于变截面、非均匀梁结构,运用传递矩阵法将其分割成一系列小段,每一子段近似为等截面的均匀梁来处理,各子段在边界处状态矢量满足平衡条件,进而建立起每子段间的传递矩阵,再根据边界条件可求出各子段两端的状态矢量。计算精度由提高分段数得到满足。这样变截面、非均匀梁的振动问题可归结为均匀梁振动问题求解。

水下第 i 子段均匀梁的运动控制方程为

$$D_i \frac{\partial^4 w}{\partial x^4} + \gamma_i \frac{\partial^2 w}{\partial t^2} = g(x,t) \ (\beta_i \leqslant x \leqslant \beta_{i+1}; i = 1,2,\cdots,N) \qquad (3-43)$$

式中,$D_i = E_i I_i$,其中 E 为杨氏模量,I 为梁截面惯性矩;$\gamma_i = \rho_i S_i + M$,其中 S 为梁截面积,ρ 为梁结构密度,M 为单位长度的附加水质量;$g(x,t)$ 为激励力;ω 为激励频率;β_i,β_{i+1} 为第 i 子段两端的位置坐标值。

令 $g(x,t)=0$,$w = X(x)e^{j\omega t}$,忽略简谐时间因子 $e^{-i\omega t}$,求解子段的频散方程。

$$D_i X'''' - \gamma_i \omega^2 X = 0 \ (\beta_i \leqslant x \leqslant \beta_{i+1}) \qquad (3-44)$$

式(3 -44)的一般解形式可写成

$$X(x) = X(\beta_i)f_1(\phi_i) + \frac{X'(\beta_i)}{k_i}f_2(\phi_i) + \frac{M(\beta_i)}{D_i k_i^2}f_3(\phi_i) + \frac{Q(\beta_i)}{D_i k_i^3}f_4(\phi_i) \tag{3-45}$$

$$\left.\begin{aligned}
k_i^4 &= \omega^2\gamma_i/D_i \\
\phi_i &= k_i(x-\beta_i) \\
M(x) &= D_i\frac{\partial^2 X}{\partial x^2} \\
Q(x) &= D_i\frac{\partial^3 X}{\partial x^3} \\
f_1(\phi_i) &= 1/2[\cosh(\phi_i) + \cos(\phi_i)] \\
f_2(\phi_i) &= 1/2[\sinh(\phi_i) + \sin(\phi_i)] \\
f_3(\phi_i) &= 1/2[\cosh(\phi_i) - \cos(\phi_i)] \\
f_4(\phi_i) &= 1/2[\sinh(\phi_i) - \sin(\phi_i)]
\end{aligned}\right\} \tag{3-46}$$

设出子段两端的状态矢量参数

$$\left.\begin{aligned}
\boldsymbol{u}_i &= \{X(\beta_i), X'(\beta_i), M(\beta_i), Q(\beta_i)\}^{\mathrm{T}} \\
\boldsymbol{u}_{i+1} &= \{X(\beta_{i+1}), X'(\beta_{i+1}), M(\beta_{i+1}), Q(\beta_{i+1})\}^{\mathrm{T}}
\end{aligned}\right\} \tag{3-47}$$

写成 $\boldsymbol{u}_{i+1}=\boldsymbol{H}_i\boldsymbol{u}_i$ 形式,其中 $\boldsymbol{H}_i$ 为第 i 子段的传递矩阵,即子段的频散方程为

$$\boldsymbol{H}_i = \begin{pmatrix}
f_1 & \dfrac{f_2}{k_i} & \dfrac{f_3}{D_i k_i^2} & \dfrac{f_4}{D_i k_i^3} \\
k_i f_4 & f_1 & \dfrac{f_2}{D_i k_i} & \dfrac{f_3}{D_i k_i^2} \\
D_i k_i^2 f_3 & D_i k_i f_4 & f_1 & \dfrac{f_2}{k_i} \\
D_i k_i^3 f_2 & D_i k_i^2 f_3 & k_i f_4 & f_1
\end{pmatrix}_{x=\beta_{i+1}} \tag{3-48}$$

令 $\boldsymbol{u}_1,\boldsymbol{u}_{N+1}$ 为整个梁的两端状态矢量,即

$$\left.\begin{aligned}
\boldsymbol{u}_1 &= \{X(0), X'(0), M(0), Q(0)\}^{\mathrm{T}} \\
\boldsymbol{u}_{N+1} &= \{X(L), X'(L), M(L), Q(L)\}^{\mathrm{T}}
\end{aligned}\right\} \tag{3-49}$$

由 $\boldsymbol{u}_{i+1}=\boldsymbol{H}_i\boldsymbol{u}_i$ 矩阵传递关系,可写出整个传递矩阵 $\boldsymbol{H}$,即

$$\boldsymbol{u}_{N+1} = \boldsymbol{H}_N\boldsymbol{H}_{N-1}\cdots\boldsymbol{H}_1\boldsymbol{u}_1 = \boldsymbol{H}\boldsymbol{u}_1$$

$$\boldsymbol{H} = \boldsymbol{H}_N\boldsymbol{H}_{N-1}\cdots\boldsymbol{H}_1\boldsymbol{u}_1 \tag{3-50}$$

考虑梁的激励响应,令 $g(x)=G(x)$,$w=X(x)$,由式(3-43),写出控制方程

$$D(x)X'''' - \gamma(x)\omega^2 X = G(x)\ (0 \leqslant x \leqslant L) \tag{3-51}$$

令 ω_n 为水中第 n 阶模态频率,$X_{ni}(x)$ 为第 n 阶模态频率的第 i 子段的振型函数,则整个梁第 n 阶模态的振型函数 ϕ_n 可表示为

$$\phi_n = \begin{cases} X_{n1}(x) & (0 = \beta_1 \leqslant x \leqslant \beta_2) \\ \vdots & \\ X_{ni}(x) & (\beta_i \leqslant x \leqslant \beta_{i+1}) \\ \vdots & \\ X_{nN}(x) & (\beta_N \leqslant x \leqslant \beta_{N+1} = L) \end{cases} \tag{3-52}$$

求解式(3-51),将 $X(x)$ 和 $G(x)$ 写成模态叠加的形式

$$\left.\begin{aligned} X(x) &= \sum_{n=1}^{\infty} W_n\phi_n(x) \\ G(x) &= \sum_{n=1}^{\infty} G_n\gamma_n(x)\phi_n(x) \end{aligned}\right\} \tag{3-53}$$

式中

$$\left.\begin{aligned} G_n &= \int_0^L G(x)\phi_n(x)\,\mathrm{d}x \\ W_n &= G_n/(\omega_n^2 - \omega^2) \\ \gamma_n(x) &= \rho S + M_n \end{aligned}\right\} \tag{3-54}$$

对于细长的二维梁结构,单位长度的附加水质量可近似等于单位体积排开的水质量。如果考虑圆柱体结构,需要在此基础上进行三维系数修正,这时的附加水质量将随模态变化,可以表示为

$$M_n = K_n\rho_w S\ (n = 1,2,3,\cdots) \tag{3-55}$$

式中 ρ_w——流体密度;

K_n——三维流体修正系数,可以查表获得。

将位移响应写出模态叠加的形式,考虑边界条件和模态的正交性,可得到水下梁的激励响应

$$w(x,t) = \sum_{n=1}^{\infty} \frac{G_n}{\omega_n^2 - \omega^2}\phi_n(x) \tag{3-56}$$

在计算梁结构的远场辐射声压时,可将梁结构沿轴线方向截成若干长度单元 dx,对每一长度单元可采用带障板的圆柱体辐射声压表达式[140]。如果单元分得足够小,并考虑不同单元在场点处的相移,整个声场由各单元的声辐射叠加而成。在球坐标系下,声场 p 可表示为

$$p(R,\theta,\phi) = -\frac{\mathrm{i}\mathrm{e}^{\mathrm{i}kR}S\sin\theta\cos\phi}{R\lambda}\int_0^L \ddot{w}(x)\mathrm{e}^{-\mathrm{i}kx\cos\theta}\mathrm{d}x\ (\lambda \gg a) \tag{3-57}$$

式中　R,θ,ϕ——声场在球坐标系下的坐标参量;

λ——流体中声波波长;

k——声场波数;

a——结构截面半径。

远场结构辐射声功率可对平均声强积分[141]得到

$$\prod = \frac{R^2}{2\rho_0 c}\int_0^{2\pi}\int_{-\frac{\pi}{2}}^{\frac{\pi}{2}} |p(R,\theta,\phi)|^2\sin\theta\mathrm{d}\theta\mathrm{d}\phi \tag{3-58}$$

需要指出的是,如果需要考虑梁结构剪切力和剖面惯性矩的影响,此时需要应用铁摩辛柯梁模型,本节推导的传递矩阵将相应地改变,但求解方法相同,这里不再重复给出推导过程,可参考文献[86]中的迁移矩阵法。

3.4　等效梁算法

如果采用简单梁模型近似计算圆柱壳受横向激励时的低频域辐射声功率,需要保证梁的弯曲振动模态与圆柱壳($n=1$)对应。由于梁模型只考虑了一维的横向位移,忽略与其他方向位移间的耦合作用,使得其只能与圆柱壳第 1 阶梁式弯曲振动模态对应,高阶模态偏差将增大。此外,如果圆柱壳的周向的其他模态($n\neq1$)不可忽略,这时梁模型将不再适用。计算表明,对于大长径比($L/a>20$)圆柱壳,水下圆柱壳低频声辐射特性主要决定于圆柱壳梁式振动模态($n=1$)。为此,本章首先通过计算等效杨氏模量系数,使梁的弯曲振动模态

与圆柱壳($n=1$)在空气中的低频域内一一对应,再将圆柱壳的附加水质量引入到梁模型中近似流固耦合作用,进而利用这些等效后的弯曲模态采用模态叠加的方法,则可用简单梁模型等效计算水下圆柱壳声辐射特性。也可以说,对于大长径比($L/a>20$)圆柱壳,考察其受横向激励时的低频声辐射特性,可以将其简化成梁模型等效计算。

为表述方便,用上标"b"表示梁的相关参数,用上标"c"表示圆柱壳的相关参数,上画线"—"表示等效后的相关参数,其他符号和3.3节表示的相同。为了和水下圆柱壳解析方法比较,此处以简支边界条件为例,给出水下圆柱壳振动与声辐射的梁等效计算方法,并在后续的数值计算中加以验证。简支梁在空气中的模态频率为

$$\omega_n^b = \left(\frac{E^b I^b}{\rho^b S^b}\right)^{1/2}\left(\frac{n\pi}{L}\right)^2 \quad (n=1,2,3,\cdots) \tag{3-59}$$

这里要利用式(3-59)等效计算圆柱壳的模态频率 ω_n^c。对于梁模型,如果保持与圆柱壳相同的截面半径、截面积等结构参数,则二者截面惯性矩相等,并令密度也相同,即

$$\begin{aligned}\rho^b &= \rho^c\\ S^b &= S^c\\ I^b &= I^c\end{aligned} \tag{3-60}$$

若将圆柱壳固有弯曲振动频率 ω_n^c 写成等效梁参数的表达形式,选取合适的杨氏模量系数,总能获得与圆柱壳对应等效的各阶弯曲振动模态

$$\omega_n^c = \left(\frac{\bar{E}_n I^c}{\rho^c S^c}\right)^{1/2}\left(\frac{n\pi}{L}\right)^2 \quad (n=1,2,3,\cdots) \tag{3-61}$$

式中,$\bar{E}_n$ 为满足式(3-61)成立的等效杨氏模量,并记为

$$\bar{E}_n = C_n E \tag{3-62}$$

$$C_n = \frac{\rho^c S^c (\omega_n^c)^2}{I^c\left(\frac{n\pi}{L}\right)^4}/E \tag{3-63}$$

式中 C_n——第 n 阶等效杨氏模量系数;

E——材料实际的杨氏模量。

值得注意的是,这里的 $\bar{E}_n$ 不仅使梁和圆柱壳的模态频率相同,还使它们的

模态振型相同。为了得到 C_n 的具体解，需要首先获得空气中圆柱壳固有梁式（弯曲）振动模态 ω_n^c（对于简支边界可以通过解析方法计算得出，对于其他边界则需要通过数值方法计算得出）。通过后续分析可知，C_n 主要与圆柱壳的长径比有关，相同长径比、不同长度、不同厚度的薄壳 C_n 值相同，因此只要计算出其中一种结构参数下的 ω_n^c 便可得到 C_n，并且在后续的计算中不需重复计算。如果附加水质量的作用只影响结构的线密度，则用等效梁方法得到的水下圆柱壳弯曲模态频率

$$\bar{\omega}_n = \left(\frac{\bar{E}_n I^c}{\rho^c S^c + M_n}\right)^{1/2}\left(\frac{n\pi}{L}\right)^2 \quad (n = 1,2,3,\cdots) \tag{3-64}$$

如果激励为在 $x = x_0$ 位置的谐和点力，幅值记为 $G(x_0)$，则可得到水下等效圆柱壳受迫振动的位移响应

$$\bar{w}(x) = \sum_{n=1}^{\infty}\frac{-2G\sin\dfrac{n\pi x_0}{L}}{(S^c\rho^c + M_n)L}\frac{\sin\dfrac{n\pi x}{L}}{\omega^2 - \bar{\omega}_n^2} \quad (n = 1,2,3,\cdots) \tag{3-65}$$

根据 3.3 节方法，可以计算得到水下等效圆柱壳的辐射声功率。

实际上本章的等效方法是利用了水下大长径比圆柱壳低频声辐射特性主要决定于圆柱壳梁式振动模态的特性，将等效获得的水下圆柱壳梁式弯曲振动模态应用到了简单梁模型中，将水下圆柱壳低频振动与声辐射的三维问题简化为一维问题处理，大大提高了计算效率。若利用附加水质量近似流固耦合作用，并将其加到空气中的圆柱壳振动方程中去，求解位移系数矩阵行列式，计算出水下壳体的模态频率，再进一步求解振动方程位移系数矩阵的逆得到壳体的受迫响应，相对传统的流固耦合计算也可得到相应的简化，但本章所述方法更为简便。如果与附加水质量三维修正系数一样，将 C_n 作为先验知识绘制成图表供计算查询，利用式（3－64）、式（3－65）进行等效计算，则可避免反复计算圆柱壳位移系数矩阵及矩阵求逆带来的计算困难。

3.5 等效梁算法验证

为了验证本章提出的等效梁算法的准确性，这里通过比较圆柱壳和等效梁的水下模态频率、激励响应和辐射声功率的吻合程度来校验。以图 3－1 所取圆柱壳参数和激励方式为例，采用 3.2 节等效梁算法计算该圆柱壳结构的辐射声功率，并与 3.1 节计算结果比较，验证方法的有效性。

等效参数列于表 3－1，其中 f_n^c 通过解析方法[81]计算得出，M_n 由式（3－55）得到，C_n 由式（3－63）计算得到。利用表 3－1 参数并按照 1.2 节等效梁算法计算得到的水下圆柱壳弯曲振动频率 $\bar{f}_n$ 与解析方法计算结果 f_{nW}^c 比较列于表 3－2，二者计算的频率吻合很好。进一步比较用等效梁算法计算水下圆柱壳的振动响应，圆柱壳 $L/2$ 处有单位点力激励，激励点处的位移响应比较如图 3－2 所示。

表 3－1　圆柱壳的等效梁计算参数

阶号	f_n^c/Hz	M_n/(kg/m)	C_n
1	6.09	9.39×10^3	0.950 1
2	22.73	8.88×10^3	0.828 6
3	46.54	8.23×10^3	0.686 2
4	74.42	7.76×10^3	0.555 0
5	104.2	7.51×10^3	0.445 7

表 3－2　水下圆柱壳前 5 阶固有弯曲振动频率

阶号	f_{nW}^c/Hz	$\bar{f}_n$/Hz
1	2.10	2.09
2	8.04	8.03
3	17.02	17.02
4	27.90	27.89
5	39.63	39.58

图 3-2 中小图纵轴 AP 表示响应幅度,横轴 f 表示频率范围。结构发生共振的条件是,激励频率等于模态频率且激励位置位于模态的非节点位置。而此时激励位置相对结构长度方向对称,则仅在第 1,3,5 阶模态频率附近激励时,结构发生共振,其他激励响应相对共振峰值很小。将等效计算结果和解析方法计算结果进行比较,二者吻合很好,验证了本章提出的等效算法在计算水下圆柱壳受迫响应方面的准确性。

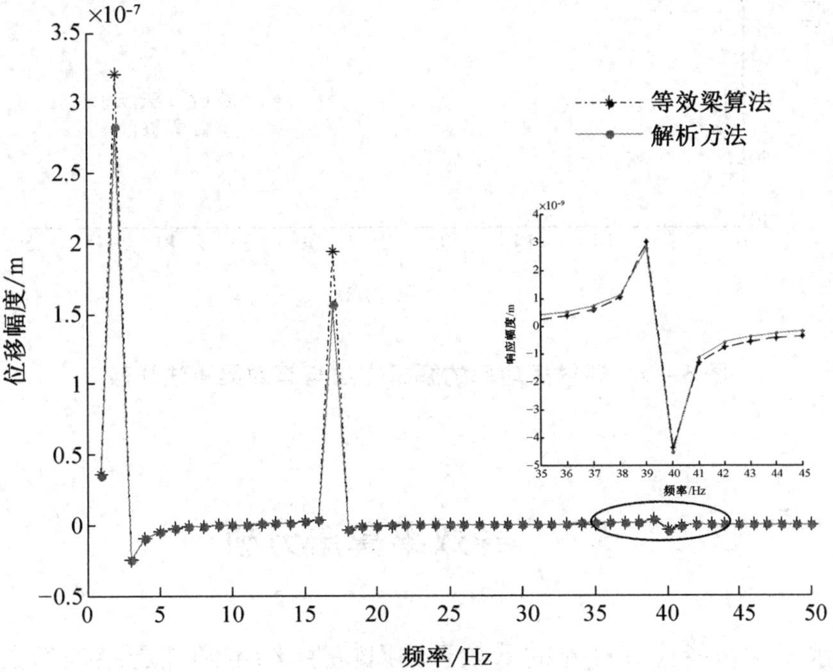

图 3-2　激励点处的结构位移响应

分别用解析方法和等效梁算法计算水下圆柱壳的辐射声功率,计算结果如图 3-3 所示。可以看出,两曲线变化规律一致。由于等效梁模型只考虑横向位移,而忽略了与其他方向位移间的耦合作用,也忽略了其他方向振动响应对辐射声功率的贡献,使等效梁计算结果与解析计算结果间存在偏差,但计算结果中最为关心的辐射声功率峰值频率和对应幅度可以很好地吻合。本例验证了用等效梁算法计算水下圆柱壳辐射声功率的有效性。

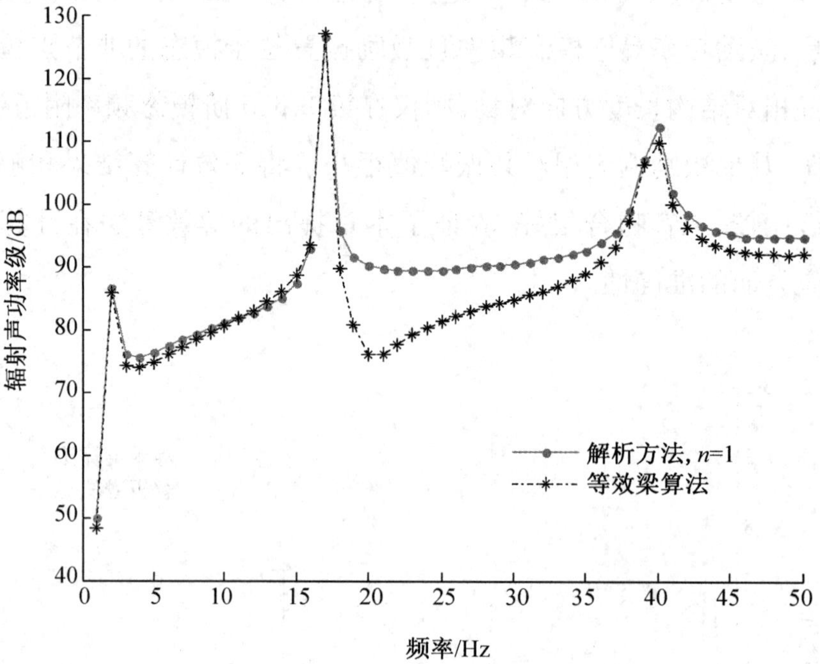

图 3－3　辐射声功率的解析方法与等效梁算法比较

3.6　等效梁算法分析

分析水下大长径比圆柱壳的低频声辐射特性，给定圆柱壳结构参数及边界条件，可以通过等效杨氏模量系数，将其模拟为等效梁计算振动及声辐射。研究发现，在满足薄壳假设下，各阶等效杨氏模量系数主要与圆柱壳的长径比有关，在满足径厚比 $20 < a/h < 100$ 时，可以忽略厚度的影响，下面来证明这一结论。

将圆柱壳结构视为细长圆管，此时截面积 S^c 和截面转动惯量 I^c 表示为[142]

$$\left.\begin{aligned} S^c &= \pi\left[\left(a+\frac{h}{2}\right)^2-\left(a-\frac{h}{2}\right)^2\right] \\ I^c &= \frac{\pi}{4}\left[\left(a+\frac{h}{2}\right)^4-\left(a-\frac{h}{2}\right)^4\right] \end{aligned}\right\} \tag{3-66}$$

式中，h 为圆柱壳厚，则式(3－63)可以表示为

$$C_n = \rho^c \frac{2(\omega_n^c)^2}{a^2+h^2/4}\left(\frac{L}{n\pi}\right)^4 / E \tag{3-67}$$

由文献[83]计算得出，对于长径比 $L/a>20$ 的简支薄壳，只要周向弯曲半波长和轴向弯曲半波长均远大于壳体厚度，半径与厚度比（a/h）在满足 $20<a/h<100$ 时，不同径厚比对弯曲振动模态（$n=1$）影响不大，即上式中圆柱壳弯曲振动频率 ω_n^c 变化主要与 L 和 a 有关。实际上对上述结论中径厚比的条件约束可以进一步放宽，对于 2.1 节实例中的 $a/h=116.7$ 同样适用，在下面的计算例中加以验证。如果 h 相对 a 是小量，按照文献[83]的计算假设，忽略 h 对 ω_n^c 的影响，从式（3－67）可计算得出 h 对 C_n 的影响小于 0.1‰。如果 $L=40$ m，$a=1.75$ m，分析厚度变化对结构前 5 阶弯曲模态频率的影响，列于表 3－3。可以看出，厚度变化对圆柱壳低阶弯曲振动模态频率影响不大。

表 3－3　厚度变化对圆柱壳弯曲模态频率的影响

h/m	f_1^c/Hz	f_2^c/Hz	f_3^c/Hz	f_4^c/Hz	f_5^c/Hz
0.015	6.09	22.73	46.54	74.42	104.20
0.02	6.09	22.73	46.55	74.42	104.20
0.05	6.09	22.73	46.55	74.43	104.22
0.08	6.09	22.74	46.56	74.44	104.24

以长径比为 22.86 的圆柱壳为例，分析长度和厚度对前三阶等效杨氏模量系数 C_n 的影响，列于表 3－4。可以看出，各阶等效杨氏模量系数只与圆柱壳的长径比有关。为方便计算，给出不同长径比圆柱壳前 5 阶等效杨氏模量系数曲线，如图 3－4 所示。利用梁模型并结合图 3－4 曲线，可准确预报圆柱壳低频域辐射声功率及梁式弯曲振动的模态。

表 3－4　长度和厚度对等效杨氏模量系数的影响

L/m	L/a	a/h	C_1	C_2	C_3
40	22.86	100	0.950 1	0.828 6	0.686 2
40	22.86	20	0.950 1	0.828 6	0.686 2
10	22.86	100	0.950 1	0.828 6	0.686 2
10	22.86	20	0.950 1	0.828 6	0.686 3

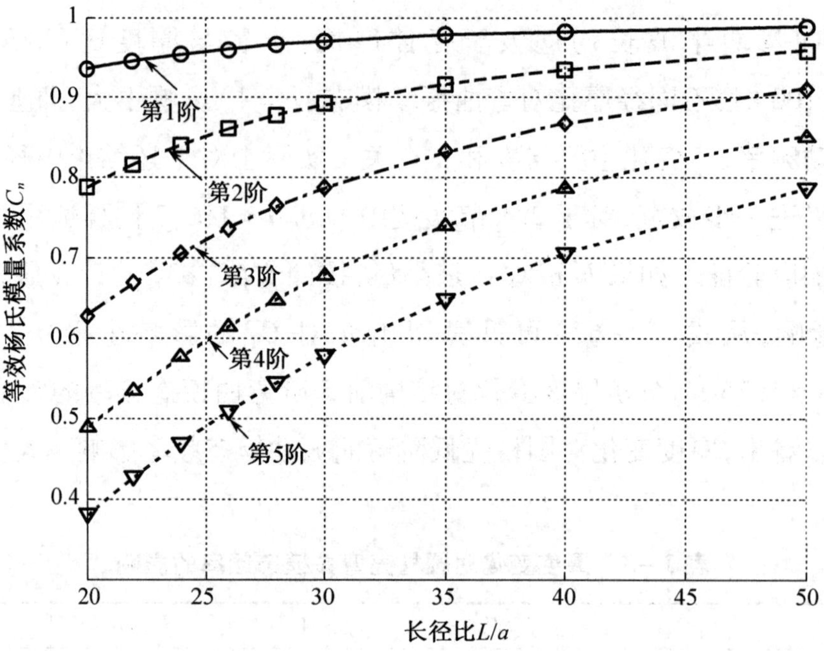

图 3－4　等效杨氏模量系数曲线

为了验证本章所述方法及图 3－4 给出的等效杨氏模量系数曲线的实用性，仅改变 3.1 节算例厚度参量，$h=0.03$ m，其他结构参数不变。根据本节分析，此时厚度的变化不改变 C_n 的取值，令附加水质量 M_n 也与表 3－1 对应参数相同，重新计算水下圆柱壳弯曲振动频率及辐射声功率。等效梁计算结果 $\bar{f}_n$ 和解析程序计算结果 f_{nW}^{c} 比较列于表 3－5，二者计算频率吻合很好，前 5 阶固有频率误差均小于 1%。水下圆柱壳的辐射声功率计算结果的比较如图 3－5 所示，两曲线变化规律一致，尤其在前三阶弯曲振动频率范围内吻合极好。

表 3－5　等效梁参数及计算结果

阶号	C_n	M_n/(kg/m)	f_{nW}^{c}/Hz	$\bar{f}_n$/Hz
1	0.950 1	9.39×10^3	2.80	2.78
2	0.828 6	8.88×10^3	10.71	10.67
3	0.686 2	8.23×10^3	22.49	22.56
4	0.555 0	7.76×10^3	36.72	36.92
5	0.445 7	7.51×10^3	51.84	52.32

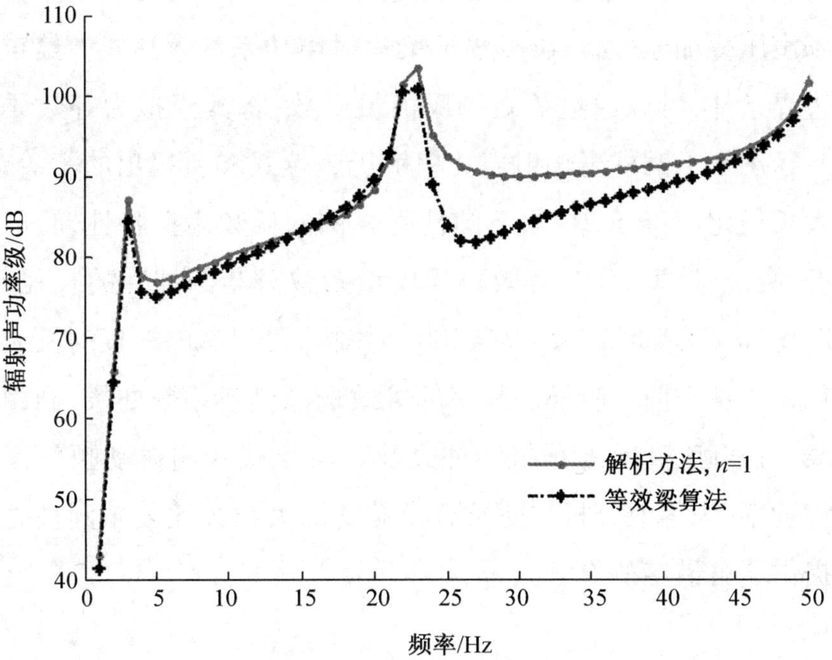

图 3 – 5　等效梁法计算辐射声功率结果

分析等效梁算法适用的频率范围，从 3. 1 节及文献[28]分析得出结论，前 5 阶弯曲振动频率范围内梁式振动模态对大长径比（$L/a>20$）圆柱壳辐射声功率幅度的贡献最主要，而在更高的频率范围内其他非梁式弯曲振动模态对声功率的影响则不能忽略，因此等效梁算法适用于大长径比（$L/a>20$）圆柱壳前 5 阶弯曲振动频率范围内的声功率预报。等效梁算法使三维圆柱壳振动与声辐射问题简化为梁模型等效计算，极大地提高了计算效率。

3.7　本章小结

大长径比（$L/a>20$）水下圆柱壳低频声辐射特性主要决定于圆柱壳梁式弯曲振动模态（$n=1$），可以利用水下等效梁算法提高圆柱壳低频振动响应和辐射声功率的计算效率。相对水下梁声辐射解析方法建模，传递矩阵数值计算方法拓展了不同边界条件、截面线型变化及集中质量的应用。利用附加水质量近似结构与水的耦合作用，将结构振动和辐射声场分开计算，基于 Euler-Bernoulli 梁理论，推导出了水下梁弯曲振动响应表达式；利用带障板的圆柱体辐射声压表达式和远场声压叠加原理，给出了水下梁辐射声功率的表达式。给定圆柱壳结构参数及边界条件，可以通过等效杨氏模量系数，将其模拟为等效梁计算振动及声辐射。运用水下圆柱壳辐射声功率解析表达式和所提出的等效梁算法，比较分析了大长径比（$L/a>20$）水下圆柱壳算例的低频声振特性，验证了本章所述方法的有效性。计算表明，等效杨氏模量系数只与圆柱壳的长径比有关，在半径与厚度比（a/h）满足 $20<a/h<100$ 范围内，可以忽略厚度对其影响。给出了不同长径比圆柱壳前 5 阶模态频率的等效杨氏模量系数曲线，利用梁模型并结合此曲线，可准确、高效地预报圆柱壳前 5 阶梁式弯曲振动频率范围内的低频域辐射声功率，为等效分析加肋及有横舱壁的大长径比复杂圆柱壳的低频声辐射特性提供了可借鉴的方法。

第 4 章　复杂壳体结构声辐射特性低频等效计算分析

第 3 章给出了等效梁算法计算圆柱壳低频声振特性的方法,本章将等效梁法推广至大长径比复杂圆柱壳结构辐射声功率的等效计算。首先给出等效计算的一般等效方法,以加肋圆柱壳为例验证等效方法的正确性。按照此等效原则,计算分析不同边界条件、结构参数变化等因素对圆柱壳结构辐射声功率的影响,体现了所提出的等效梁算法在计算圆柱壳结构低频声辐射方面的普适性。在本章的最后,等效计算分析了复杂变截面圆柱结构的辐射声功率。

4.1　圆柱壳结构辐射声功率低频等效梁计算的一般方法

在第 3 章中得到的结论:大长径比($L/a>20$)圆柱壳低频辐射声功率主要受梁式弯曲振动模态影响。下面将此结论推广至圆柱壳结构低频声辐射的等效梁计算中,方法如下:

(1)有限元计算圆柱壳结构在空气中的弯曲振动模态;

(2)将圆柱壳结构参数以等效集中质量和转动惯量形式加载至梁模型中;

(3)以圆柱壳结构在空气中的弯曲振动模态为输入值,利用(2)步梁模型计算等效杨氏模量系数;

(4)将等效杨氏模量系数和附加水质量加载至(2)步中的梁模型,计算水下梁的振动模态;

(5)利用(4)步中的梁模型及得到的水下梁振动模态,采用传递矩阵法计算等效梁的振动响应;

(6)以(5)步得到的梁的振动响应为输入值,计算等效梁的辐射声功率。

该等效方法通过附加水质量近似了流固耦合作用，使得圆柱壳结构的振动和声场可以分开计算。有限元法计算圆柱壳结构的振动响应，可以参照第 2 章的方法在 ANSYS 软件中进行；声场则可参照第 3 章的方法计算。值得指出的是，第 3 章声场的计算方法是将梁结构沿轴线方向截成若干长度单元，每个单元的辐射声压通过镶嵌在障板中面元的声辐射推导得到[141]，整个声场由各单元的声辐射叠加而成[140]，与边界无关。因此该等效方法适用于任意边界的大长径比圆柱壳的低频辐射声功率的计算。

下面以一个加肋圆柱壳为计算例，验证该等效方法适用于计算分析复杂圆柱壳结构的低频辐射特性。为了与解析方法比较，以加肋圆柱壳为简支边界，结构参数见 2.4 节数值计算例。按照步骤(1) ~ 步骤(6)，通过等效梁算法计算该加肋圆柱壳的辐射声功率。按照加肋圆柱的结构参数进行有限元建模，壳及肋骨都选取 shell 63 单元。材料属性中取 $\sigma = 0.3$，$E = 2.06 \times 10^{11}$ Pa，$\rho = 7\ 800$ kg/m^3，采取映射划分网格。为了保证计算精度，使网格单元接近方形，实际计算时划分了 23 960 个单元，包含 24 000 个节点。并在空气中进行模态分析，选取 block 法，前 5 阶弯曲模态频率列于表 4 - 1。

表 4 - 1　加肋圆柱壳空气中前 5 阶弯曲模态频率

阶号	1	2	3	4	5
频率/Hz	5.715	21.329	43.626	69.692	97.535

将加肋壳结构参数加载至梁模型中，分析梁的振动控制方程式(3 - 43)，在同一边界条件下，刚度和线密度决定了梁的振动模态。加肋圆柱壳同均匀圆柱壳相比，由于肋骨的作用使得圆柱壳整体刚度和线密度都相应增大，因此在使用梁模型进行加肋圆柱壳低频振动的等效计算时需要采取合适的等效方法。肋骨自身的结构刚度和质量与连接位置处的圆柱壳相比不能忽略，按照第 3 章方法建立圆柱壳的等效梁模型时，还要根据加肋圆柱壳实际的肋骨参数及间隔，以局部附加刚度和集中质量的形式加载到梁模型中去，通过传递矩阵法逐段求解。这里着重分析加肋圆柱壳的低频声振特性，加肋圆柱壳的整体弯曲振动对声辐射起到主要影响，此时所有肋骨对圆柱壳的作用以平均附加刚度和平

均附加线密度的形式加载至等效梁模型中，使计算进一步简化。梁模型仅考虑了横向位移，忽略与其他方向位移间的耦合作用，若保持刚度、线密度与加肋圆柱壳相同，同第 3 章圆柱壳的等效梁算法一样，需要调整梁模型的等效杨氏模量系数，使等效梁模型的弯曲振动频率与加肋圆柱壳相同。利用表 4－1 计算结果，计算得到与加肋圆柱壳弯曲振动模态相同的等效杨氏模量系数，列于表 4－2。

表 4－2　等效梁前 5 阶弯曲模态频率对应参数

阶号	1	2	3	4	5
等效杨氏模量系数	0.845 9	0.736 4	0.608 6	0.491 4	0.394 2
附加水质量等效线密度/(kg/m)	9.39×10^3	8.88×10^3	8.23×10^3	7.76×10^3	7.51×10^3

结构做弯曲振动时的附加水质量仅与结构表面线型有关，与结构刚度和内部结构无关，因此本加肋圆柱壳算例的附加水质量与 3.5 节计算例的附加水质量相同，考虑圆柱壳附加水质量三维修正及截面积，将等效梁模型计算用的附加水质量以线密度形式给出，列于表 4－2。

利用按照加肋圆柱壳结构参数等效后的梁模型，结合表 4－2 列出的等效杨氏模量系数和附加水质量等效线密度，计算得出水下加肋圆柱壳前 5 阶弯曲振动模态频率，列于表 4－3。并同第 2 章给出的数值方法计算结果比较，二者吻合较好。

表 4－3　水下加肋圆柱壳计算例的前 5 阶弯曲模态频率

阶号	1	2	3	4	5
ANSYS 耦合计算结果/Hz	2.09	8.16	17.55	28.86	41.32
等效梁算法结果/Hz	2.08	8.00	16.89	27.64	39.24

进一步将等效梁计算得到的振动响应作为输入值，并利用式(3－57)和式(3－58)等效求得加肋圆柱壳的辐射声功率，并同第 2 章给出的解析方法和数

值方法计算结果进行比较，如图4-1所示。可以看出，等效梁算法与解析方法及数值方法计算结果基本一致，也验证了等效梁算法计算加肋圆柱壳弯曲振动响应的正确性。比较辐射声功率的峰值频率，等效梁算法较传统数值计算结果更加接近解析计算的结果，这个差别将随着数值计算时流体半径及流体单元数目的增大而减小，但与此同时数值方法的计算效率将大大降低。本算例验证了等效梁算法等效计算加肋圆柱壳的有效性，以及相对传统数值计算的高效性。

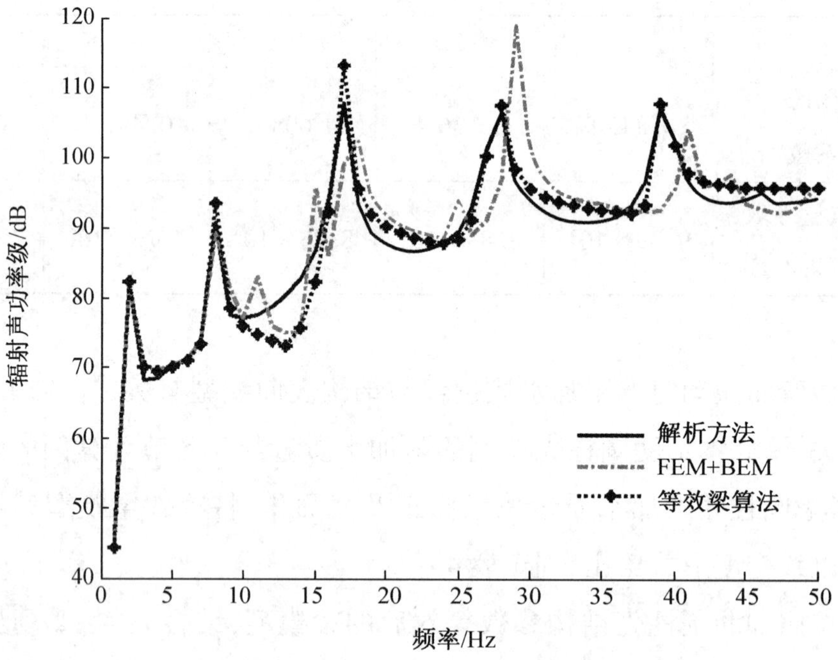

图4-1　加肋圆柱壳辐射声功率比对

4.2　典型圆柱壳结构声辐射特性的等效计算分析

按照4.1节等效梁算法计算圆柱壳结构低频辐射声功率的方法步骤，等效计算分析典型圆柱壳结构的声辐射特性，以下所有分析中激励为单位径向点力，声功率参考级为0.67×10^{-18} W。

4.2.1　边界条件对圆柱壳声辐射特性的影响

在分析不同边界条件对圆柱壳声辐射特性的影响前，先来验证等效梁算法对不同边界圆柱壳低频声功率计算具有普适性。简支边界圆柱壳声功率的等效梁计算有效性在 3.5 节已验证，图 4－2、图 4－3 给出了固支边界和自由边界圆柱壳利用等效梁算法计算出的声功率曲线，并同数值方法进行比较，其中数值方法采用直接边界元耦合计算，等效梁算法计算过程参照 4.1 节步骤。为了减轻数值方法计算量，此处计算例的圆柱壳结构参数为：$L=40$ m，$a=0.8$ m，$h=0.015$ m，$E=2.06\times10^{11}$ Pa，$\rho=7\ 800$ kg/m^3，$3L/8$ 位置施加单位径向点力。采用数值方法和等效梁算法计算的结果很好地吻合，表明等效梁算法对不同边界圆柱壳低频声功率计算具有普适性。

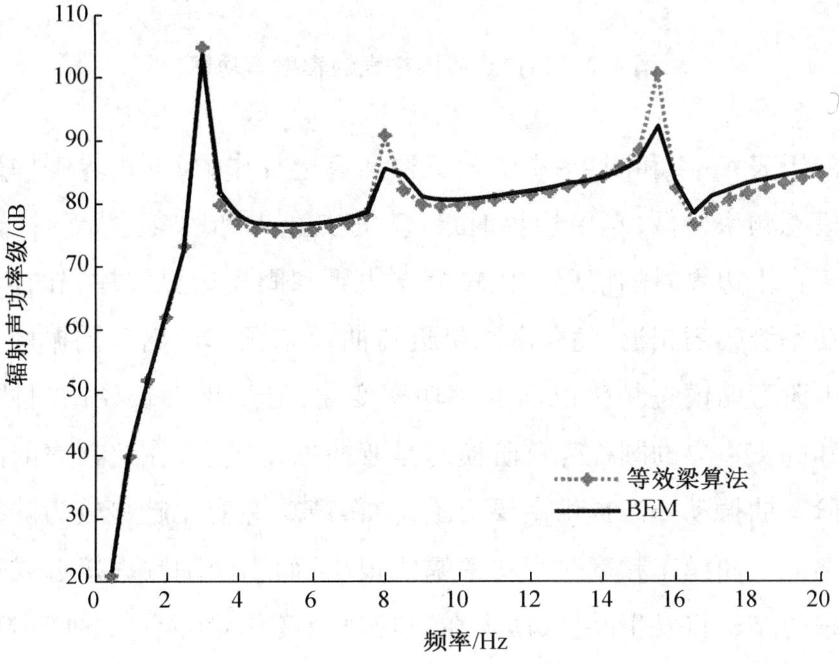

图 4－2　固支边界圆柱壳的辐射声功率

分析不同边界对圆柱壳声辐射的影响，为了观察规律，此时圆柱壳结构参数与 3.5 节计算例相同：$L=40$ m，$a=1.75$ m，$h=0.015$ m，$E=2.06\times10^{11}$ Pa，$\rho=7\ 800$ kg/m^3，比较简支、自由、固支不同边界条件对圆柱壳弯曲振动模态频率以及辐射声功率的变化，其中单位径向点力施加在圆柱壳的 $L/6$ 位置处。将

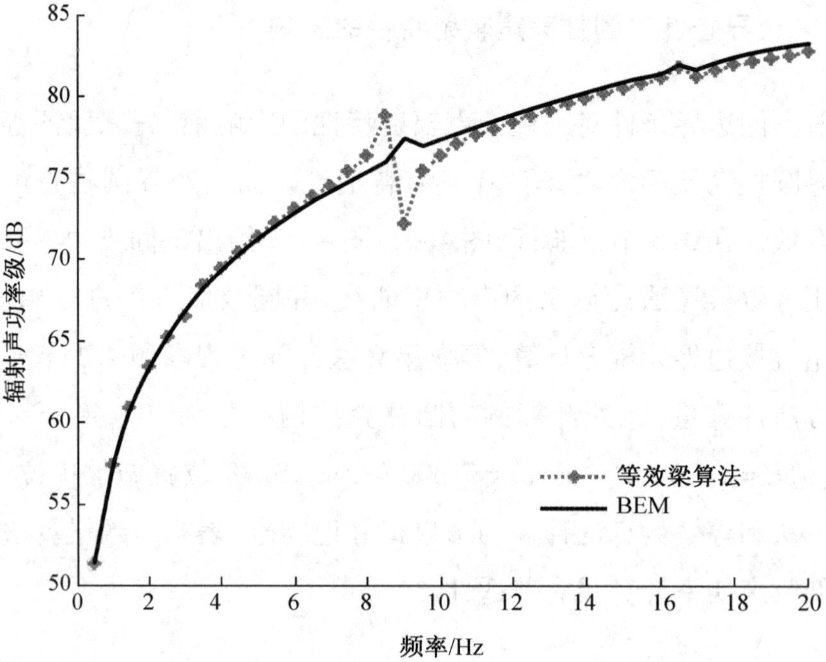

图 4.3　自由边界圆柱壳的辐射声功率

计算结果列于表 4-4 和图 4-4 中。三种计算边界中，简支边界圆柱壳的各阶弯曲振动模态频率最低，自由边界时最高，简支边界和固支边界圆柱壳总体声功率要大于自由边界时的情况。比较简支边界和固支边界圆柱壳的声功率，二者辐射声功率级幅度相近，随着激励接近弯曲模态频率而出现共振峰。分析三种边界第 1 阶弯曲模态频率以前的声功率变化，对于该大长径比圆柱壳，由于简支边界和固支边界的圆柱壳首阶模态是弯曲振动模态，在此频率前的声功率主要由该阶弯曲振动模态提供主要贡献，使得声功率变化趋势较为陡峭。当激励频率远离此弯曲模态频率时声功率幅值很小；而当激励频率接近或达到此弯曲模态频率时结构将发生共振，体现在声功率的变化趋势有共振峰出现。若只考虑面内的横向振动，自由边界圆柱壳首阶模态频率为整体的刚性平动，其次才是弯曲振动模态，圆柱壳整体刚性平动相当于一个摆动柱，此时对声辐射的影响不能忽略，反而对极低频的声功率起主要贡献，如图 4-4 所示。自由边界时圆柱壳第 1 阶弯曲振动模态相对摆动模态对声功率的贡献则变得很小，导致在声功率曲线中第 1 阶弯曲模态频率附近没有共振峰出现。

表 4 - 4　水下不同边界圆柱壳的前 5 阶弯曲模态频率

阶号	1	2	3	4	5
简支边界/Hz	2.09	8.03	17.02	27.89	39.58
固支边界/Hz	4.36	11.27	20.55	31.36	42.83
自由边界/Hz	5.20	13.44	25.18	37.80	51.01

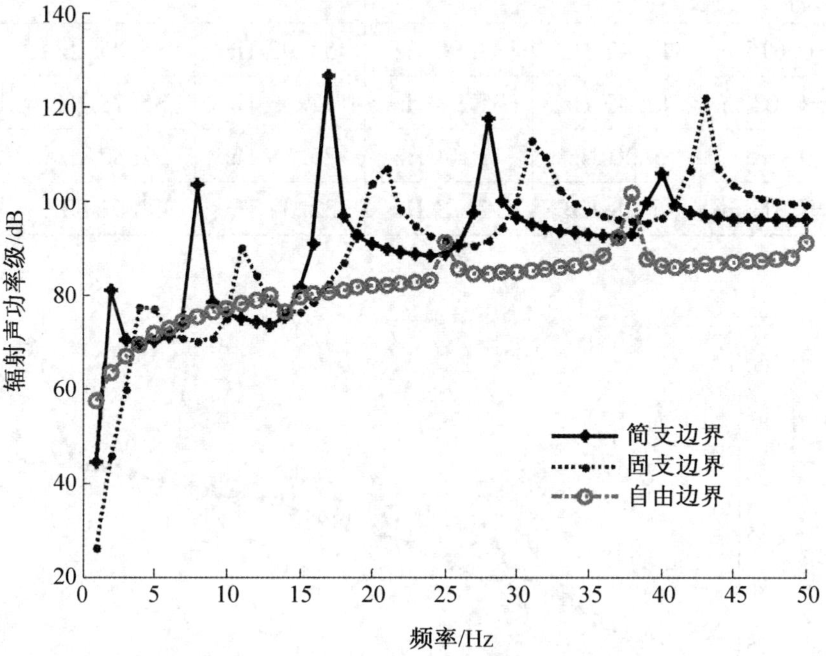

图 4 - 4　水下不同边界圆柱壳的辐射声功率比较

4.2.2　壳体厚度对圆柱壳声辐射特性的影响

此处用来计算分析的圆柱壳结构参数为：$L=40$ m，$a=1.75$ m，$E=2.06\times10^{11}$ Pa，$\rho=7\ 800$ kg/m^3。若通过改变圆柱壳厚度来改变其弯曲刚度，给定激励幅值（单位径向点力）和位置（$3L/8$ 和 $L/6$），分析刚度变化对自由边界圆柱壳弯曲振动频率及辐射声功率的影响。将不同厚度圆柱壳在空气中和水中前 5 阶弯曲振动模态列于表 4 - 5。刚度的改变对空气中圆柱壳弯曲振动模态影响不大，而随着刚度的增大，结构在水中的弯曲模态频率会向高频移动，这与第 3 章中分析大长径比简支圆柱壳弯曲模态频率随厚度变化的规律是一致的。分析不同位置激励的自由边界圆柱壳辐射声功率受刚度变化影响，如图 4－5 和图 4－6 所示。刚度的改变对声功率幅值的影响不大，声功率峰值频率向高频移动，但不同位置激励会影响不同弯曲振动模态对声功率的贡献。

表 4－5　水下自由边界不同厚度的圆柱壳前 5 阶弯曲模态频率

介质	阶号	1	2	3	4	5
空气	$h=0.015$ m	12.47 Hz	32.06 Hz	57.02 Hz	85.85 Hz	115.23 Hz
	$h=0.03$ m	12.49 Hz	31.98 Hz	57.53 Hz	85.78 Hz	114.82 Hz
水	$h=0.015$ m	5.20 Hz	13.44 Hz	25.18 Hz	37.80 Hz	51.01 Hz
	$h=0.03$ m	6.78 Hz	17.78 Hz	32.34 Hz	48.63 Hz	65.12 Hz

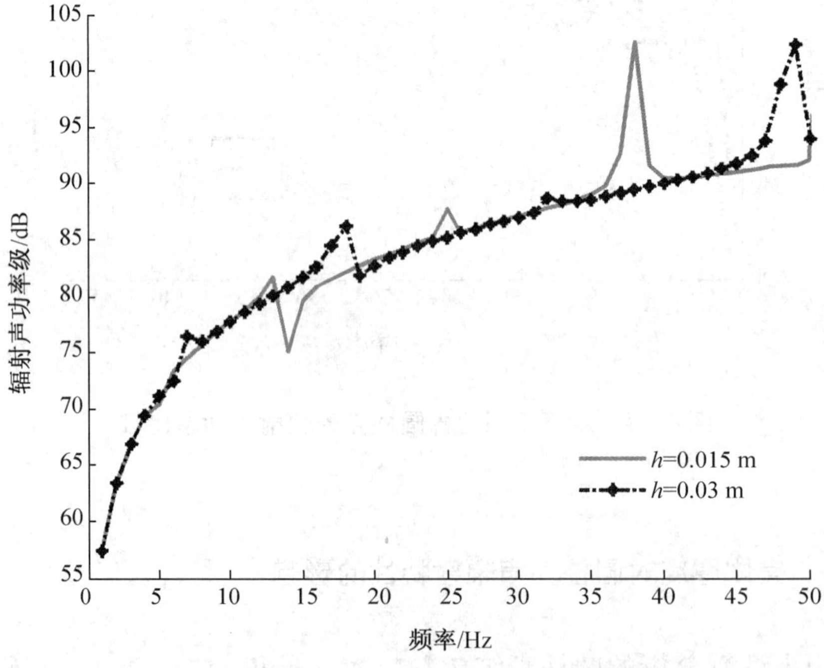

图 4－5　自由边界圆柱壳 3L/8 位置激励时的辐射声功率

4.2.3　肋骨参数对加肋圆柱壳声辐射特性影响

用等效梁算法计算自由边界加环肋圆柱壳的辐射声功率，分析肋骨参数变化对声辐射的影响，其中计算模型的圆柱壳结构参数为：$L=40$ m，$a=1.75$ m，

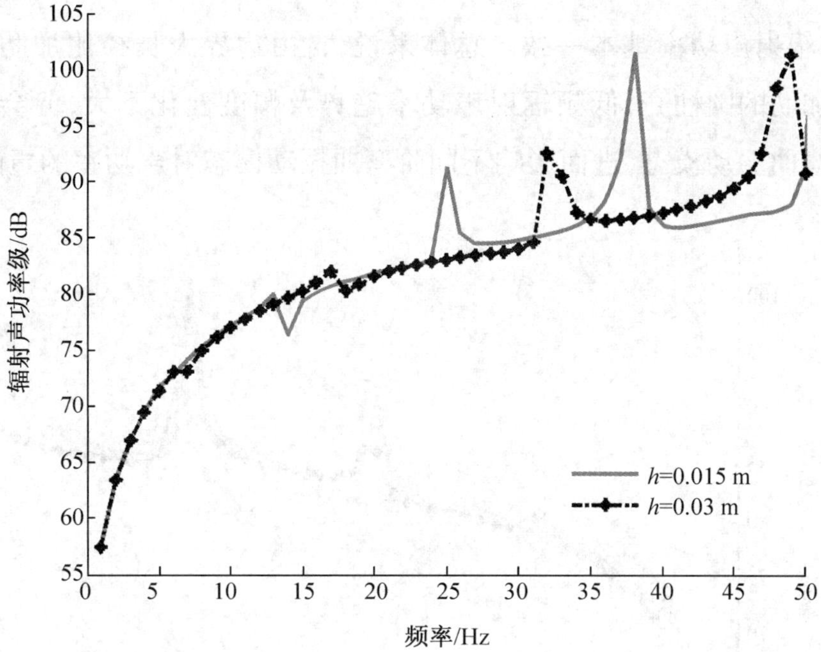

图 4-6　自由边界圆柱壳 $L/6$ 位置激励时的辐射声功率

$h=0.015$ m, $E=2.06\times10^{11}$ Pa, $\rho=7\ 800$ kg/m^3, $L/6$ 位置施加单位径向点力。首先比较有无肋骨对圆柱壳弯曲振动频率及声功率的影响,其中肋骨参数为:肋高 0.125 m、肋厚 0.007 m、肋间距 0.4 m。水下加肋圆柱壳的前 5 阶弯曲振动频率列于表 4-6,并与表 4-5 中未加肋骨的圆柱壳弯曲振动频率比较。二者对应阶弯曲振动频率很相近,并且没有明显规律。这是由于施加肋骨使圆柱壳的刚度得到增强,而肋骨又相当于集中质量作用在圆柱壳上会增加自身的线密度,这两方面的综合作用使加肋圆柱壳弯曲振动频率与未加肋圆柱壳的差别不大。

表 4-6　水下自由边界不同肋骨参数的圆柱壳前 5 阶弯曲模态频率

肋骨参数	阶号	1	2	3	4	5
肋高度 0.125 m	肋厚度 0.007 m	5.17 Hz	13.94 Hz	25.34 Hz	38.35 Hz	52.09 Hz
	肋厚度 0.01 m	5.16 Hz	13.89 Hz	25.27 Hz	38.21 Hz	51.86 Hz
肋高度 0.08 m	肋厚度 0.007 m	5.18 Hz	13.99 Hz	25.43 Hz	38.50 Hz	52.29 Hz

如图 4-7 所示,加肋圆柱壳的辐射声功率和未加肋圆柱壳的辐射声功率

相比，在第 1 阶弯曲频率以上稍许降低，降低的幅度不大；在第 1 阶弯曲频率以下，两者的辐射声功率基本一致。总体来说，自由边界大长径比加肋圆柱壳相对于没有加肋的圆柱壳，低频辐射声功率趋势及幅度变化不大，但会影响圆柱壳结构的弯曲振动模态，进而影响不同阶弯曲振动模态对声功率的贡献。

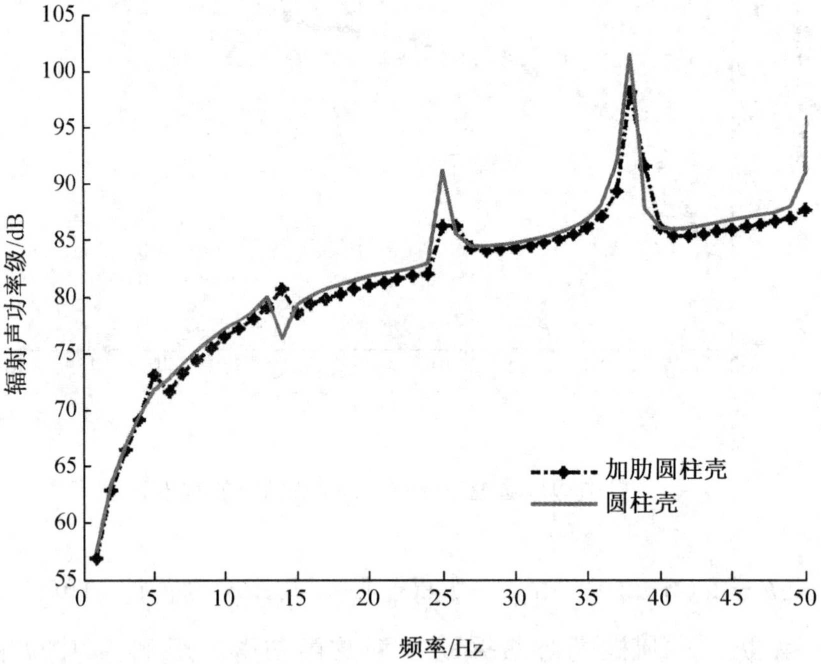

图 4－7　加肋对圆柱壳辐射声功率的影响

分别改变肋骨的厚度和高度，分析对自由边界加肋圆柱壳辐射声功率的影响，等效梁算法计算出的不同肋骨参数的加肋圆柱壳前 5 阶弯曲振动频率列于表4－6，辐射声功率比较曲线如图 4－8 和图 4－9 所示。肋骨增厚和增高，都会使对应阶弯曲振动频率向低频移动，但辐射声功率变化趋势相近。由于采用等效梁算法计算加肋圆柱壳结构的振动响应时，没有考虑结构的阻尼作用，所以当激励频率达到或很接近对应阶弯曲振动频率时，结构将发生共振。理论上当激励频率与各阶弯曲模态频率吻合时，结构的振动响应将无限大。根据表4－6列出的弯曲频率，个别会极接近激励频率，因此声功率曲线在对应激励频率处会出现极大的峰值。总体来说，对于大长径比的自由边界圆柱壳，肋骨自身的厚度和高度的变化对圆柱壳的声功率幅度影响不大。

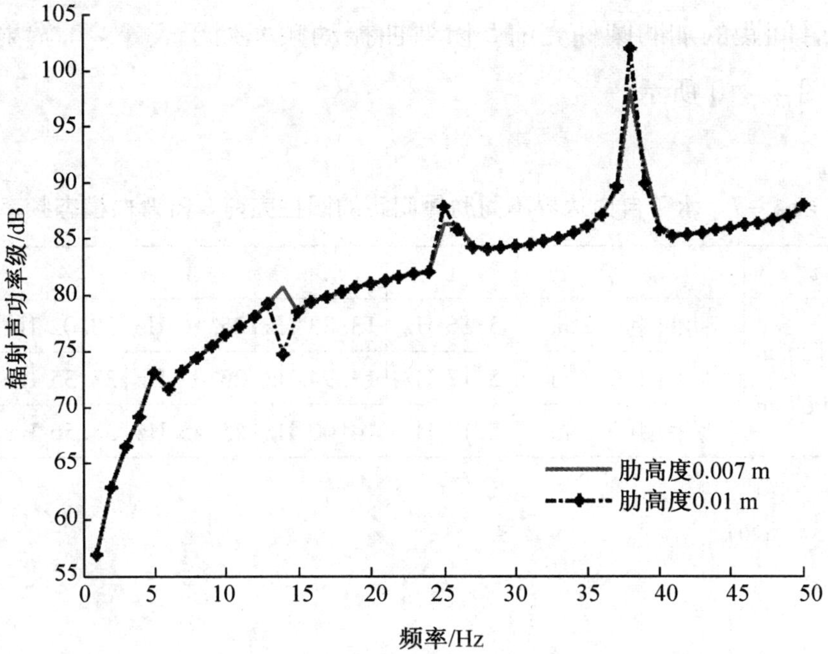

图 4 -8　环肋厚度变化对圆柱壳辐射声功率的影响

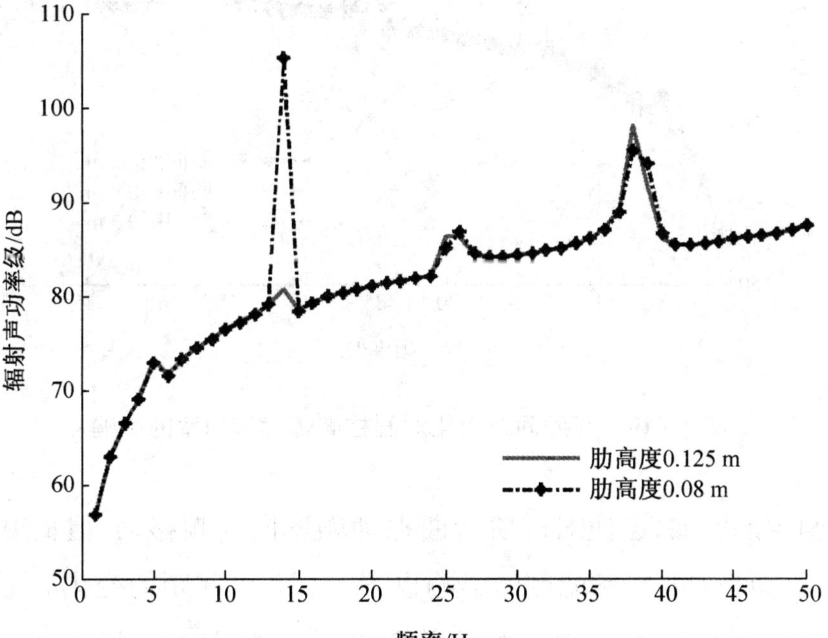

图 4 -9　环肋高度变化对圆柱壳辐射声功率的影响

类似地，分析改变肋骨间距对圆柱壳辐射声功率的影响，等效梁法计算出的不同肋骨间距的加肋圆柱壳前5阶弯曲振动频率列于表4－7，辐射声功率比较曲线如图4－10所示。

表4－7　水下自由边界不同肋骨间距的圆柱壳前5阶弯曲模态频率

肋骨参数	阶号	1	2	3	4	5
肋高度0.125 m 肋厚度0.007 m	肋间距0.2 m	5.16 Hz	13.83 Hz	25.16 Hz	38.02 Hz	51.48 Hz
	肋间距0.4 m	5.17 Hz	13.94 Hz	25.34 Hz	38.35 Hz	52.09 Hz
	肋间距0.8 m	5.17 Hz	14.00 Hz	25.45 Hz	38.56 Hz	52.39 Hz

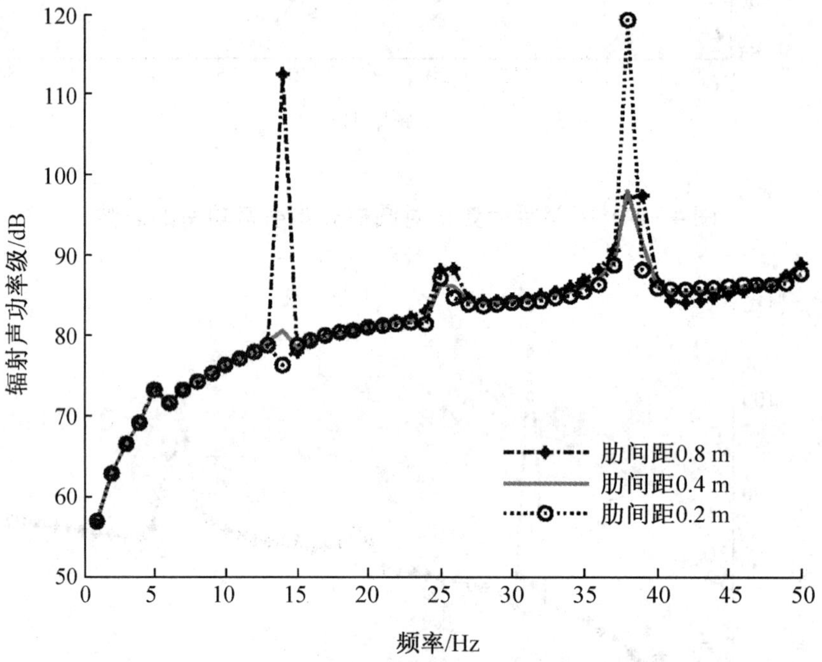

图4－10　环肋间距变化对圆柱壳辐射声功率的影响

肋骨间距的增加，会使对应阶弯曲振动频率向高频移动，但辐射声功率变化趋势相近，而且对声功率幅度的影响也不大。肋骨间距的变化会影响圆柱壳结构的弯曲振动模态，同前文分析一样，声功率会随着激励频率接近弯曲振动频率发生共振而出现共振峰，但由于没有考虑阻尼对结构的影响，这个共振峰可能会很大。

4.3　复杂壳体结构声辐射特性的等效计算分析

下面将等效梁法应用到自由边界的水下大长径比变截面复杂壳体结构的辐射声功率计算中,如图 4 - 11 所示。

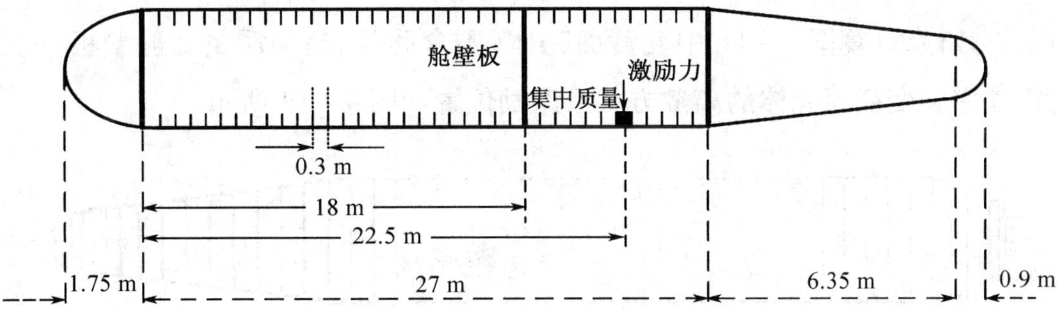

图 4 - 11　变截面壳体结构示意图

结构参数为:总长度 36 m,壳厚度 0. 015 m;左端为半径 1. 75 m 的半球壳;主体部分为 27 m 长的加环肋圆柱壳,半径 1. 75 m,肋骨高 0. 125 m,肋骨厚 0. 007 m,肋间距 0. 3 m;与圆柱壳右端相连接的是一个锥形台壳,其长为 6. 35 m,两端半径分别为 1. 75 m 和 0. 9 m;结构最右端为半径 0. 9 m 的半球壳。左端球冠与圆柱壳间、圆柱壳内部、圆柱壳与锥形台壳间由舱壁板隔开,其中舱壁板厚 0. 04 m。圆柱壳内部加有集中质量块 5 000 kg。所有结构杨氏模量 $E = 2.06 \times 10^{11}$ Pa,密度 $\rho = 7\ 800\ \mathrm{kg/m^3}$。

图 4 - 11 所示的变截面壳体结构长度与最大半径的比值为 20. 6,满足圆柱壳体结构的等效梁算法中大长径比条件,因此其低频声振特性可以采用等效梁算法计算。为了体现等效梁算法具有普适、高效性,并结合对集中质量、肋骨及舱壁板所采取的等效处理方法,下面逐一分析它们对变截面壳体低频声辐射的影响。

4.3.1　变截面壳体声辐射的等效计算分析

这里将图 4 - 11 所示的大长径比变截面壳体结构的低频振动及声辐射特性

采取等效变截面梁模型处理。而对于变截面梁建立解析模型是比较困难的事情，如果将变截面梁分割成一系列小段，每一子段近似为均匀截面梁来处理，各子段在边界处状态矢量满足平衡条件，进而建立起每子段间的传递矩阵，再根据边界条件可求出各子段两端的状态矢量。计算精度由提高分段数来满足。这样变截面梁振动问题可归结为均匀梁振动问题求解。第 3 章中求解梁模型振动及声辐射的传递矩阵方法同样适合处理变截面梁模型。为了验证上述分析的有效性，计算图 4－11 中变截面壳体（不含肋骨、集中质量和舱壁板）的辐射声功率。变截面壳体的离散方式及激励位置如图 4－12 所示。

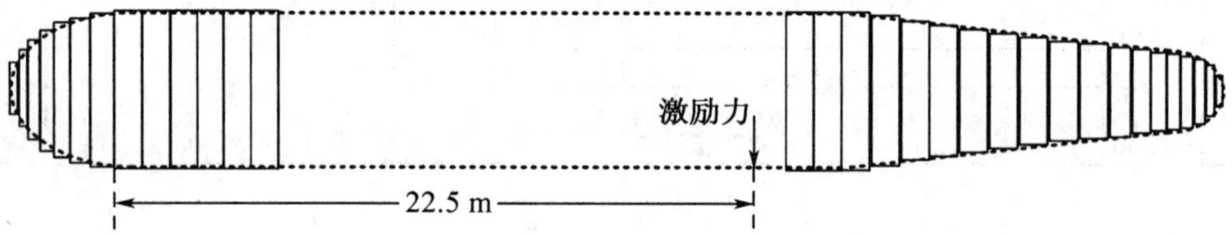

图 4－12　变截面壳体离散示意图

按照 4.1 节等效梁算法的计算步骤，首先计算出变截面壳体在水中的弯曲振动模态频率，并将等效变截面梁模型计算参数一同列于表 4－8。

表 4－8　水下自由边界变截面壳体等效梁模型计算参数及前 5 阶弯曲振动频率

阶号	1	2	3	4	5
空气中弯曲振动频率/Hz	17.69	43.21	73.86	106.07	138.93
等效杨氏模量系数	0.842 4	0.704 6	0.576 1	0.464 5	0.370 6
附加水质量三维修正系数	0.692	0.634	0.599	0.582	0.560
水中弯曲振动频率/Hz	7.57	19.05	33.26	48.28	63.14

其中空气中弯曲振动频率在 ANSYS 软件中按实际线型及结构参数计算得出；等效杨氏模量系数由等效变截面梁模型采取传递矩阵法计算得出；附加水质量等效线密度由离散出的均匀壳单元排开的水体积质量和三维流体修正系数乘积得到；表 4－8 中的附加水质量三维流体修正系数参考国军标 GJB/Z 71—95 计算得出。

等效变截面梁模型计算出的声功率同利用 SYSNOISE 软件进行直接边界元耦合计算结果比较，二者吻合很好，如图 4－13 所示。在对应弯曲模态频率附近声功率曲线出现峰值，表明表 4－8 中列出的变截面壳体弯曲振动频率是准确的。图 4－13 中的 BEM 计算结果里有两个峰值与等效梁算法的计算结果对应不上。这是由于随着频率的升高，除了弯曲振动模态外，其他模态对声功率的贡献也增大起来，则会随着激励频率与其接近而出现峰值，而等效梁算法仅考虑了结构的弯曲振动模态。但从声功率的变化趋势来分析，在低频段弯曲模态对声功率的贡献仍然是主要的，体现为图 4－13 中两声功率曲线的整体幅度极为相近，尤其在第 2 阶弯曲振动频率以前，两曲线极为吻合。本算例表明等效梁算法适用于大长径比变截面壳体结构的低频振动与声辐射计算。

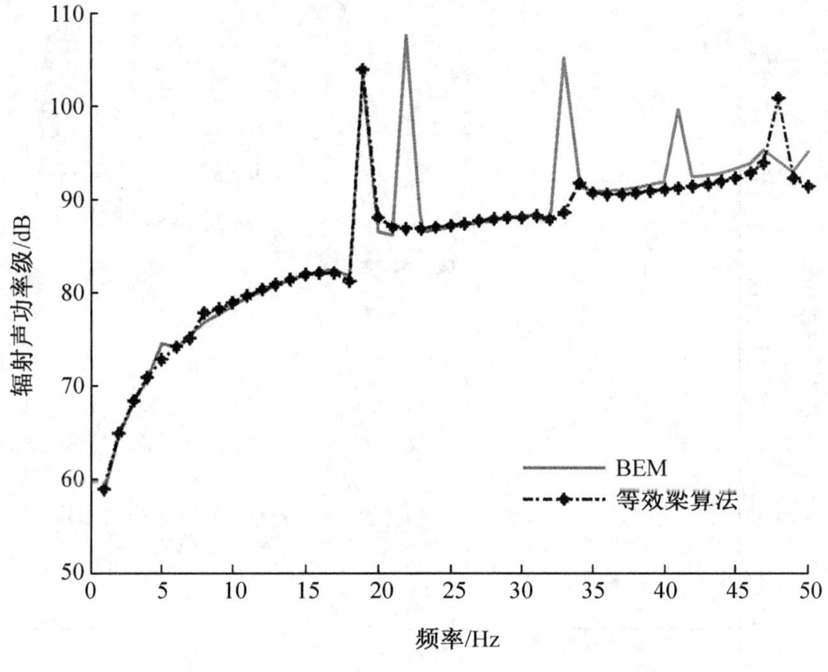

图 4－13　变截面壳体辐射声功率计算比较

4.3.2　肋骨对变截面壳体声辐射的影响

在 4.3.1 节的分析基础上，分析在圆柱壳段施加环肋对整体变截面壳体的影响，如图 4－14 所示。

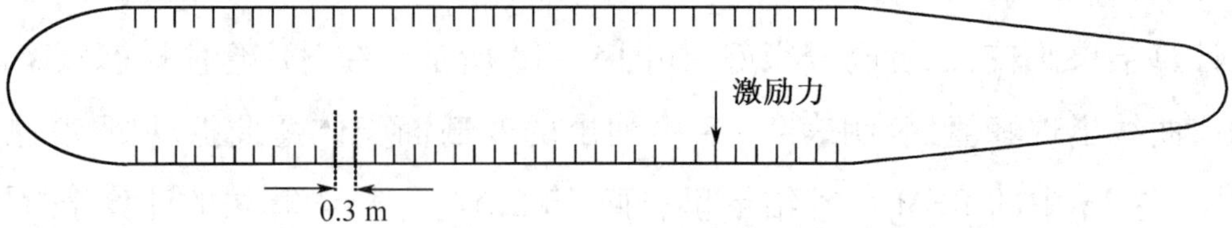

图 4－14　加肋变截面壳体结构示意图

此处对肋骨的处理方法与4. 1 节简支加肋圆柱壳对肋骨的处理方法相同,由于肋间距相对圆柱壳长度为小量,肋骨分布比较密集,将肋骨以附加的等效线密度和等效刚度加载到4. 3. 1 节的等效变截面梁模型中去联合计算。比较有无肋骨对此变截面壳体结构的水下弯曲振动频率和辐射声功率的影响,其中声功率如图 4 －15 所示,弯曲振动频率列于表 4 －9。

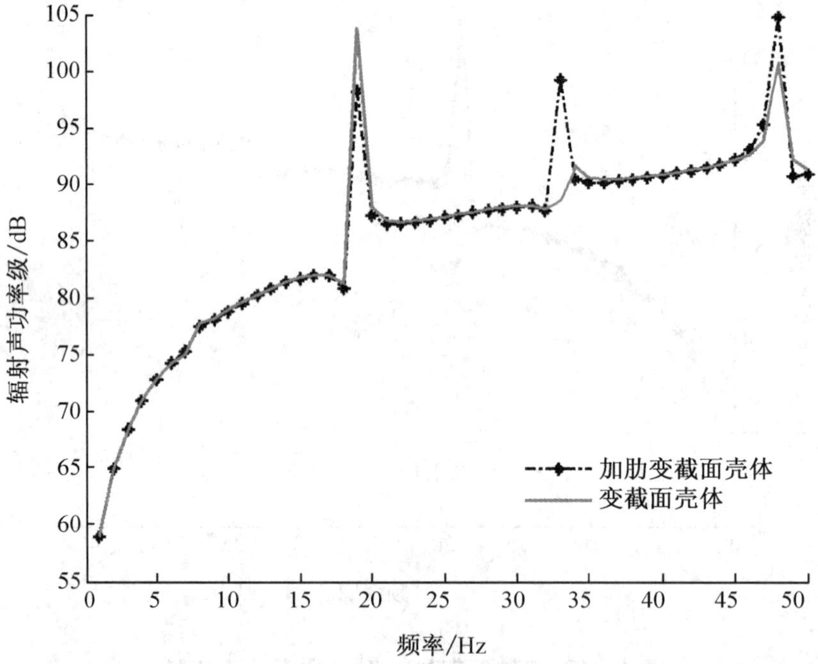

图 4－15　环肋对变截面壳体辐射声功率的影响

总体来说,自由边界大长径比加肋变截面壳体相对没有加肋的变截面壳体,弯曲频率与声功率的变化规律同肋骨对均匀圆柱壳的影响相近,低频辐射声功率趋势及幅度变化不大,但会影响圆柱壳结构弯曲振动模态,进而影响不同阶弯曲振动模态对声功率的贡献。

表 4－9　水下自由边界加肋变截面壳体前 5 阶弯曲振动频率

阶号	1	2	3	4	5
未加肋变截面壳体/Hz	7.57	19.05	33.26	48.28	63.14
加肋变截面壳体/Hz	7.55	18.90	32.90	47.86	61.41

4.3.3　集中质量对变截面壳体声辐射的影响

在 4.3.1 节的分析基础上，分析在圆柱壳段施加集中质量对整体变截面壳体的影响，如图 4－16 所示。

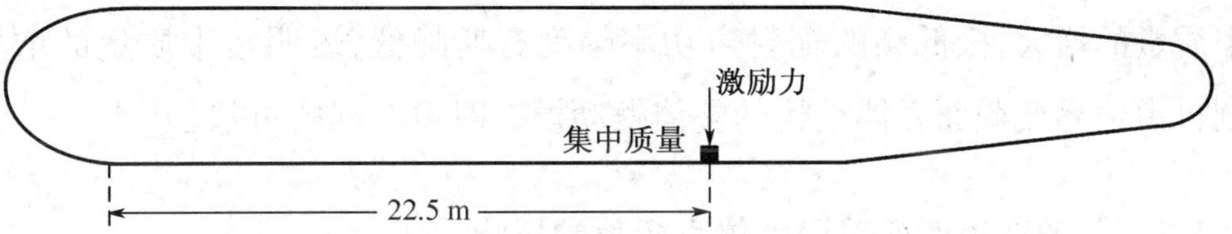

图 4－16　带集中质量的变截面壳体结构示意图

此处对集中质量的处理不能再按照肋骨的处理方法，结合第 3 章利用传递矩阵法求解梁模型振动响应的方法，集中质量对变截面壳体的作用将体现在集中质量作用点处的点传递矩阵中，进而影响模态振型及受迫响应。比较有无集中质量、集中质量大小变化对变截面壳体结构的水下弯曲振动频率和辐射声功率的影响，其中弯曲振动频率列于表 4－10，声功率如图 4－17 所示。

表 4－10　水下自由边界带有集中质量的变截面壳体前 5 阶弯曲振动频率

阶号	1	2	3	4	5
无集中质量/Hz	7.57	19.05	33.26	48.28	63.14
2 000 kg 集中质量/Hz	7.42	19.96	33.31	49.09	64.48
5 000 kg 集中质量/Hz	7.17	20.41	33.38	49.98	65.49
8 000 kg 集中质量/Hz	6.29	20.88	33.41	50.53	65.97

集中质量使变截面壳体的第1阶弯曲振动频率降低,并随着集中质量增大向低频移动;集中质量使变截面壳体第2阶以上的各弯曲振动频率升高,并随着集中质量增大向高频移动;集中质量增加将增大第1阶与第2阶弯曲振动频率的间隔。分析原因,集中质量对变截面壳体的作用是,除了增加结构的整体质量,还相当于一个附加边界作用在加载位移而影响结构的模态分布。

如图4-17(a)所示,施加集中质量及改变集中质量的大小对变截面壳体低频段的辐射声功率影响比较复杂,使变截面壳体在第1阶与第2阶弯曲频率间的辐射声功率稍许增大,而在如图4-17分析的其他频段又得到了降低,总体各声功率曲线变化趋势及幅度相近,但集中质量会影响圆柱壳结构的弯曲振动模态,进而影响不同阶弯曲振动模态对声功率的贡献。如图4-17(b)所示,随着集中质量的增大,极低频的辐射声功率幅度有所降低,表明集中质量的增加将抑制自由边界变截面壳体结构的整体摆动模态对声功率的贡献。

4.3.4 舱壁板对变截面壳体声辐射的影响

在4.3.1节的分析基础上,分析在圆柱壳段施加舱壁板对整体变截面壳体的影响。如图4-18所示,这里分析三种工况:圆柱壳段两端加舱壁板(工况1)、两端和位置1处(工况2)、两端和位置2处(工况3)。

此处对舱壁板的处理与上一小节集中质量的处理方法相似,舱壁板对变截面壳体的作用在作用位置处的点传递矩阵中,不仅要将舱壁板的质量以集中质量形式输入点传递矩阵,还要将舱壁板的转动惯量加载到点传递矩阵中,舱壁板的作用将以附加边界条件的形式影响模态振型及受迫响应。比较三种工况施加舱壁板的方式对变截面壳体结构的水下弯曲振动频率和辐射声功率的影响,其中弯曲振动频率列于表4-11,声功率如图4-19所示。舱壁板使变截面壳体的各阶弯曲振动频率降低。工况2和工况3各阶弯曲振动频率非常相近,且均低于工况1,但由于舱壁板分布方式不同,这两种工况的弯曲频率变化没有明显规律。

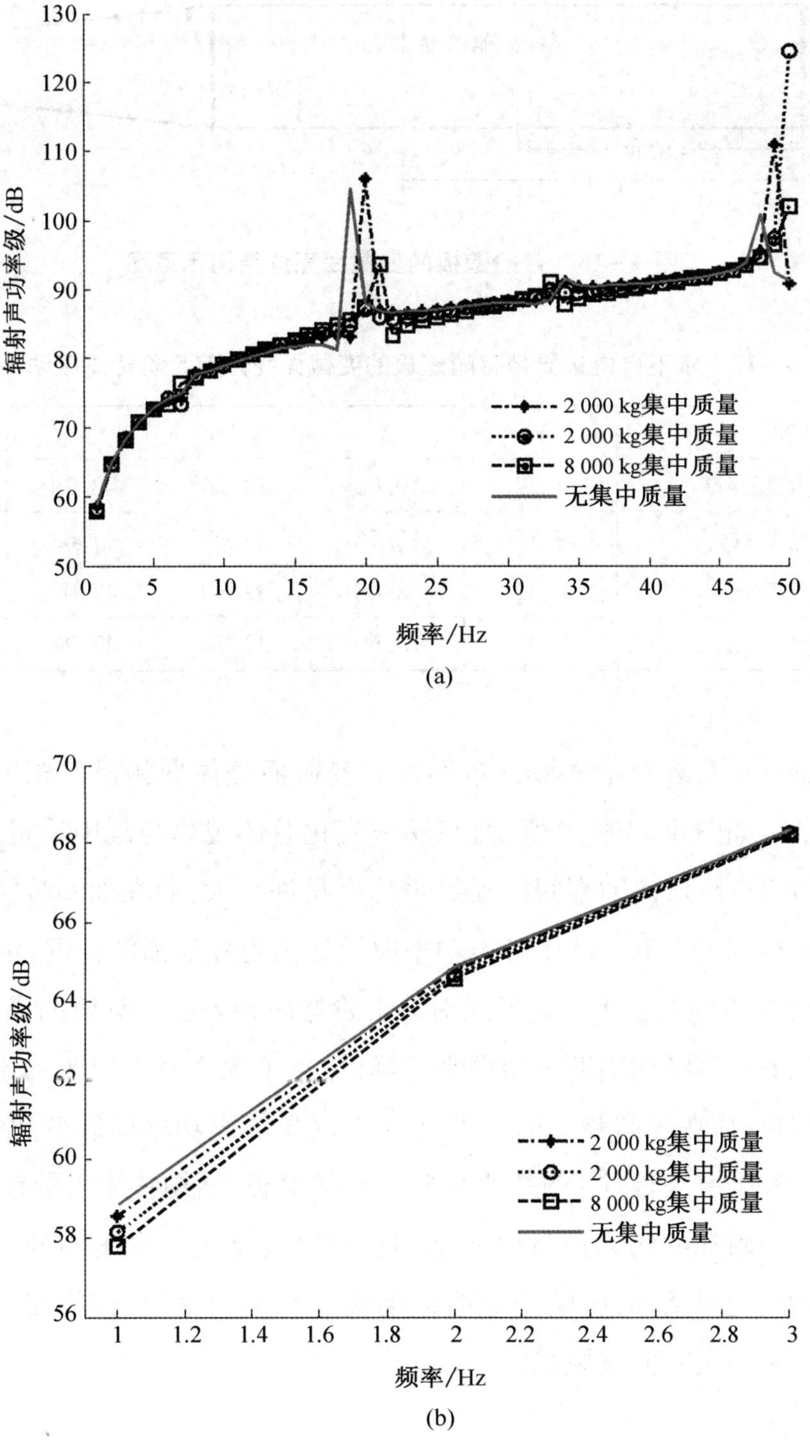

图 4-17　集中质量对变截面壳体辐射声功率的影响

(a)宽频结果;(b)低频结果

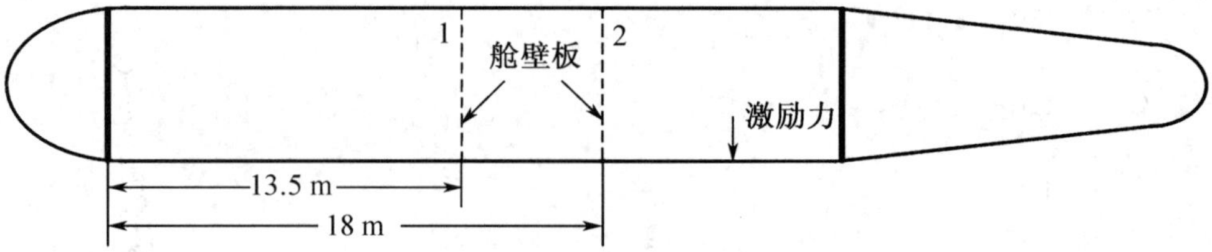

图 4－18　带舱壁板的变截面壳体结构示意图

表 4－11　水下自由边界带有舱壁板的变截面壳体前 5 阶弯曲振动频率

阶号	1	2	3	4	5
无舱壁板/Hz	7. 57	19. 05	33. 26	48. 28	63. 14
工况 1/Hz	7. 35	18. 76	33. 07	47. 63	62. 34
工况 2/Hz	7. 32	18. 68	32. 80	47. 09	62. 21
工况 3/Hz	7. 32	18. 69	32. 74	47. 28	61. 83

施加舱壁板及改变舱壁板分布形式对变截面壳体低频段的辐射声功率影响比较复杂。如图 4－19(a)所示,声功率变化总体规律与集中质量影响相似,在第 1 阶与第 2 阶弯曲频率间的辐射声功率稍许增大,而在如图分析的其他频段声功率又得到了降低。图中各声功率曲线变化趋势及幅度相近。如图 4－19(b)所示,分析不同舱壁板分布形式对第 1 阶弯曲频率以前频段的影响,施加舱壁板使变截面壳体结构辐射声功率略为降低,且工况 2 和工况 3 的声功率曲线变化极为相近,而在较高频率时工况 2 和工况 3 的声功率曲线变化将很复杂。虽然工况 2 和工况 3 相对工况 1 多施加一个舱壁板,结构整体质量有所增大,但也增加了一个附加的转动惯量而使结构整体刚度增大。多施加的这个舱壁板作为一个新的边界条件,影响到弯曲振动模态对声功率的贡献,使三个工况的声功率幅度关系没有明显规律。

4.3.5　复杂壳体结构低频辐射声功率等效计算

下面利用等效梁算法对图 4－11 所示的复杂壳体结构低频辐射声功率进行等效计算,肋骨、集中质量及舱壁板按照前面几小节叙述的方法等效处理。按

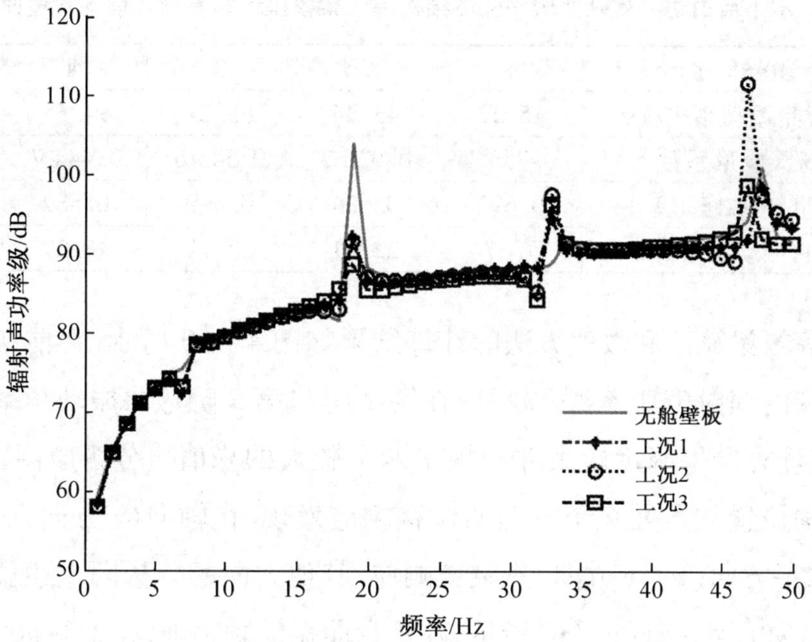

(a)

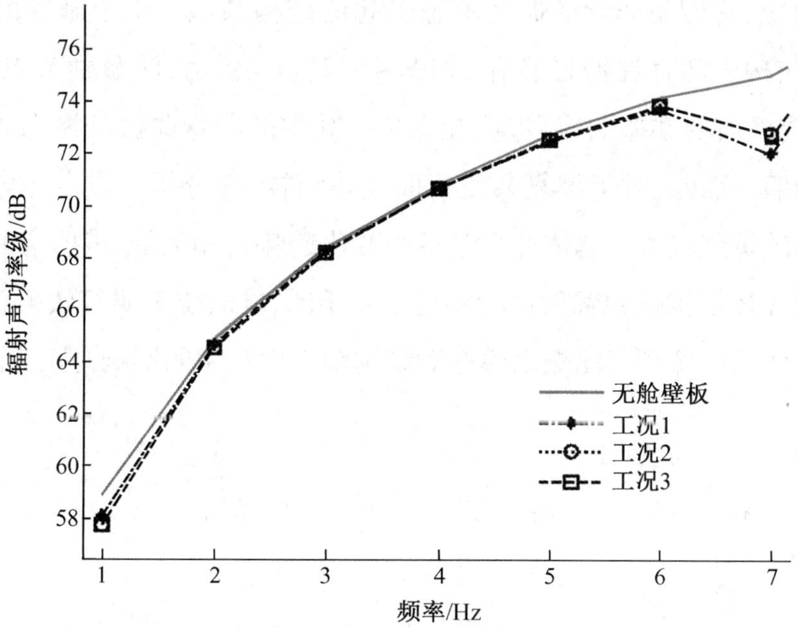

(b)

图 4－19　舱壁板对变截面壳体辐射声功率的影响

(a)宽频结果;(b)低频结果

照等效梁算法的计算步骤,计算出复杂变截面壳体结构在水中的弯曲振动模态频率,并将等效变截面梁模型计算参数一同列于表 4－12。其中附加水质量三维流体修正系数与表 4－8 中的相同。

表 4-12　水下自由边界复杂变截面壳体结构等效梁模型计算参数及前 5 阶弯曲振动频率

阶号	1	2	3	4	5
空气中弯曲振动频率/Hz	15.52	45.34	65.27	94.55	126.69
等效杨氏模量系数	0.753 1	0.926 3	0.543 6	0.444 7	0.383 1
附加水质量三维修正系数	0.692	0.634	0.599	0.582	0.560
水中弯曲振动频率/Hz	7.37	22.61	33.22	48.27	65.45

采用等效梁算法和数值方法的计算结果如图 4-20 所示，在前两阶弯曲振动频率范围的辐射声功率吻合较好；在第 2 阶与第 5 阶弯曲振动频率之间的声功率，数值计算结果幅度较大并出现了两个较大的峰值。分析原因，在 ANSYS 中比较激励位置节点处 6 个方向的位移响应发现，在轴向（z 方向）、横向（y 方向）和绕水平方向（rot. x 方向）有较大响应，其他方向的分量同上述位移响应相比是小量。如图 4-21(a)(b)所示，除了弯曲振动频率外，在 35 ~ 40 Hz 间有较大的振动响应，它们是非弯曲振动模态引起的结构共振。由于施加的激励方向为 y 方向，结构内部存在波形转化，如图 4-21(c)所示，使激励节点位置在 38 Hz 附近出现极大的共振响应，进而在图 4-20 中的非弯曲振动模态频率处有两个较大的峰值。因此，对于该复杂变截面壳体结构，在分析频段有非弯曲振动模态对声功率的贡献较大。总体计算结果的变化趋势是相近的，表明弯曲振动模态对大长径比壳体结构低频辐射声功率起主要贡献，同时也表明等效梁算法在分析大长径比壳体结构低频弯曲振动模态对结构辐射声功率的影响是正确的。

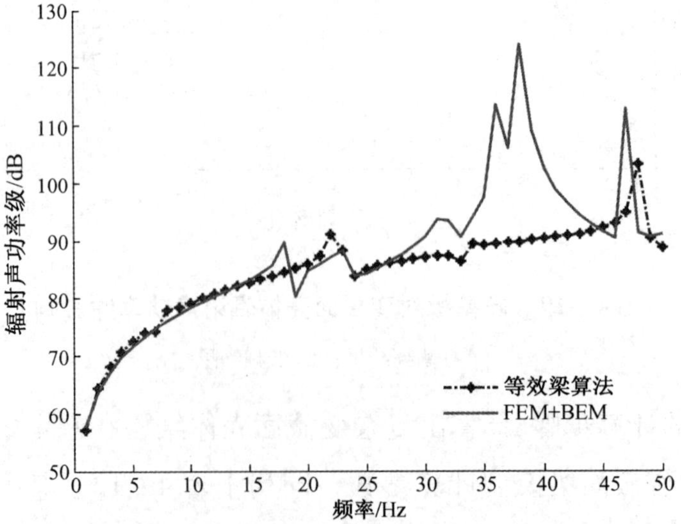

图 4-20　复杂变截面壳体结构辐射声功率计算比较

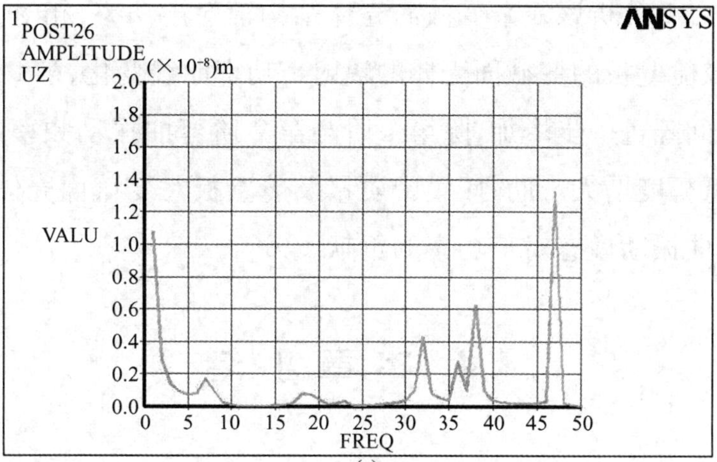

(a)

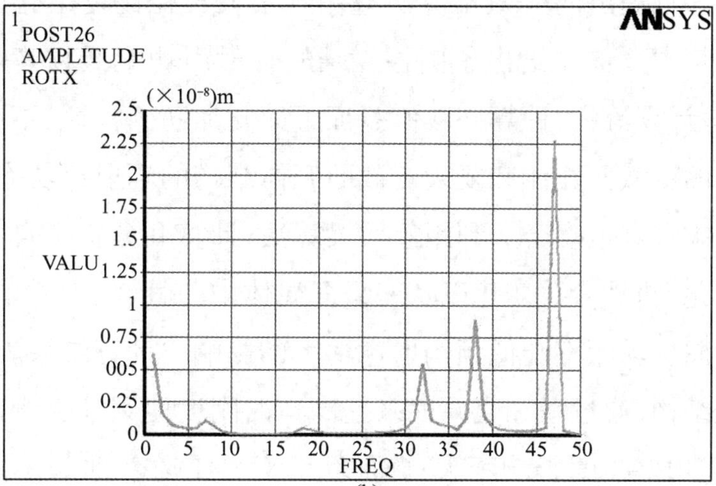

(b)

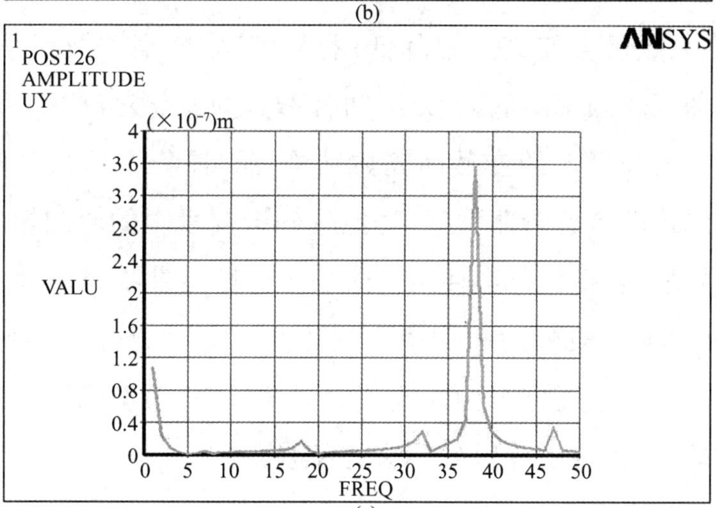

(c)

图 4－21　激励节点位置的位移响应

(a)激励位置 z 方向位移响应;(b)激励位置绕 x 轴转动方向位移响应;

(c)激励位置 y 方向位移响应

结合表4－12分析该复杂变截面壳体结构辐射声功率，相对于单独施加肋骨、集中质量及舱壁板的变截面壳体的辐射声功率曲线变化，第1阶与第2阶弯曲振动频率的间隔进一步增加，除第1阶与第2阶弯曲振动频率之间的分析频段，声功率降低幅度增大。肋骨、集中质量及舱壁板对变截面壳体的综合影响，改变了结构弯曲振动模态对声功率的贡献。

4.4 本章小结

本章将第3章提出的等效梁算法应用到了大长径比复杂壳体结构的低频辐射声功率计算中。首先给出了圆柱壳结构辐射声功率低频等效梁计算的一般方法，按照该计算流程，计算并数值验证了简支加肋圆柱壳、不同边界圆柱壳以及自由边界的变截面壳体和复杂变截面壳体结构的辐射声功率，等效梁算法与数值计算结果很好地吻合。利用等效梁算法，计算并分析了自由边界条件的圆柱壳刚度变化、肋骨参数变化以及变截面壳体中肋骨、集中质量、舱壁板对相应壳体结构弯曲振动频率和低频辐射声功率的影响。计算结果表明，对于大长径比的圆柱壳结构，通过增加壳厚度来提高弯曲刚度使圆柱壳弯曲振动频率向高频移动，对声功率幅度影响不大；施加肋骨对第1阶弯曲频率以下的声功率影响不大，而在高频段会使其小幅降低；肋骨增厚、增高以及减小肋骨间距，都会使对应阶弯曲振动频率向低频移动，肋骨参数的变化对圆柱壳声功率幅度的影响不大。对于大长径比的变截面壳体结构，肋骨、集中质量和舱壁板都会降低变截面壳体结构的首阶弯曲频率，其他阶分析频段内的弯曲振动频率向高频率移动；集中质量和舱壁板都会使第1阶与第2阶弯曲振动频率之间的辐射声功率增大，而使其他频段内的声功率小幅降低。本章的讨论表明，等效梁算法可以计算大长径比复杂壳体结构的低频辐射声功率，对不同边界及结构线型具有较好的处理能力，体现了等效梁算法的普适性。

第5章　水下声源混响法低频扩展测量技术原理

混响水池相对于空气中的混响室，池壁的高吸收、水介质的高特性阻抗、边界对声场的干涉影响等因素，使得低于下限频率的频域范围内的声场分布极不均匀。实际测量中，通过增加声源发射位置并采取空间平均采集技术来改善声场分布的均匀性，尽管如此，由于低于下限频率范围内单位频带内简正波数过少，声场本身的共振影响无法消除。通过测量混响时间对水下声源辐射声功率进行混响法测量的方法，前提是要满足足够高的模态密度，这样对混响时间的测量才能具有非常好的一致性。由于混响时间测量本身存在的不确定度偏差，尤其在低频，影响可能会很大，影响了声功率的测量精度，限制了传统的混响法在低频域测量的应用。基于声场精细校准的混响法低频扩展测量技术则避开混响时间的测量，通过测量非消声场与自由场之间声场固有特性的差异，对非消声水池内均方声压进行精细校正，可大大扩展混响法在低频域测量的应用，提高测量精度。本章给出了在混响声场中对未知声源低频辐射声功率测量的混响法低频扩展测量技术的理论依据。

5.1　声源辐射声功率混响法测量基本原理

运用传统的混响法测量声源辐射声功率，需要满足的条件是在混响控制区内声场分布足够均匀，即在混响控制区内声场的能量密度处处相等。如果声源信号的输入条件相同，在混响控制区内测量得到的均方声压和在自由场测量得到的声源级之间的差异，通过混响时间的测量加以校正。

当声源发射的频率大于混响声场的下限频率时，混响声场达到稳态，则在距离声源 r 位置声场的均方声压 $\langle p^2 \rangle$，可用声源在自由场中的辐射声功率 W 表

示为

$$\langle p^2 \rangle = W\rho_0 c_0\left(\frac{1}{4\pi r^2}+\frac{4}{R_0}\right) \tag{5-1}$$

式中，R_0 为房间常数，反映了水池壁面及水介质对声能的吸收能力，它可以通过混响时间 T_{60} 的测量计算获得，即

$$R_0 = S\left(e^{\frac{55.2V}{T_{60}Sc_0}}-1\right) \tag{5-2}$$

对式(5－1)两边取对数，并表示为声压级和声功率级的形式：

$$L_P = L_W + 10\lg\left(\frac{1}{4\pi r^2}+\frac{4}{R_0}\right) \tag{5-3}$$

式中 L_P——混响声场内测量空间平均声压级，dB，参考级为 1 μPa；

L_W——声源在自由场的声功率级，dB，参考级为 0.67×10^{-18} W。

在混响控制区，混响声对声场起主要作用，此时可忽略直达声对声场的贡献，则式(5－3)可简化为

$$L_W \approx L_P - 10\lg\left(\frac{4}{R_0}\right) \tag{5-4}$$

式(5－4)则描述了混响法传统校准原理，即在声场下限频率以上的频域范围内，通过混响时间 T_{60} 的测量，获得混响场到自由场的校正量，并根据在水池混响控制区测量出的空间平均声压级 L_P，可得到声源在自由场中的辐射声功率 L_W。

式(5－4)中的校正量 $10\lg(4/R_0)$，表示在混响控制区测量的空间平均声压级与声源声功率级间的差值。还可以得到空间平均声压级与声源在自由场的声源级之间的校正关系[93]：

$$L_P = SL + 10\lg\left(\frac{16\pi}{R_0}\right) \tag{5-5}$$

式中 L_P——混响声场混响控制区所测空间平均声压级，dB，参考级为 1 μPa；

SL——声源的自由场声源级，dB，参考级为 1 μPa；

$10\lg(16\pi/R_0)$——混响场到自由场的声压级修正量。

式(5－4)和式(5－5)中的修正量都是房间常数 R_0 的函数，只与混响水池特性有关，而与声源无关，可以在混响控制区中利用已知声源测量混响时间计算得到。

5.2　混响法低频扩展测量技术原理

5.2.1　矩形混响水池内的简正波

首先来分析水池内固有简正频率。令(x,y,z)表示直角坐标系中的坐标，设矩形水池的长、宽、高分别为L_x,L_y,L_z，水池内无声源时，速度势函数φ满足小振幅声波的波动方程：

$$\nabla^2\varphi + k^2\varphi = 0 \tag{5-6}$$

式中　∇——拉普拉斯算符；

k——声场中的波数，且$k=\omega/c_0$，其中c_0为水中声速。

如果满足绝对软边界条件：

$$\varphi|_{\Sigma} = 0 \tag{5-7}$$

式中，Σ表示水池 6 个表面。可以分离变数得到满足式(5－6)和式(5－7)的φ的通解

$$\varphi_{n_x,n_y,n_z}(x,y,z) = \sin\frac{n_x\pi}{L_x}x\cdot\sin\frac{n_y\pi}{L_y}y\cdot\sin\frac{n_z\pi}{L_z}z \quad (n_x,n_y,n_z = 1,2,3,\cdots) \tag{5-8}$$

式(5－6)中的k必须满足

$$k^2 = \left(\frac{n_x\pi}{L_x}\right)^2 + \left(\frac{n_y\pi}{L_y}\right)^2 + \left(\frac{n_z\pi}{L_z}\right)^2 \quad (n_x,n_y,n_z = 1,2,3,\cdots) \tag{5-9}$$

如果将式(5－9)中的k称为满足式(5－6)和式(5－7)的本征值，并记为k_n，其中n为本征值的序号，则称$\varphi_n(x,y,z)$为此混响水池内声场的简正波，即

$$\varphi_n(x,y,z) = \varphi_{n_x,n_y,n_z}(x,y,z) \tag{5-10}$$

利用式(5－9)得到的本征值k_n，可计算混响水池的简正频率f_n

$$f_n = \frac{c_0}{2\pi}k_n \tag{5-11}$$

简正波$\varphi_n(x,y,z)$在水池中满足正交性

$$\frac{1}{V}\iiint_V \varphi_n\varphi_m\mathrm{d}V = \Lambda_n\delta_{nm} \tag{5-12}$$

式中 V——水池的体积；

m——区别于 n 的正整数记号；

δ——Dirac 函数，当满足 $m=n$ 时 $\delta=1$，否则为 0。

$$\Lambda_n = \frac{1}{V}\iiint_V |\varphi_n|^2 \mathrm{d}V \tag{5-13}$$

如果将式(5-8)代入到式(5-13)中，此时 $\Lambda_n=1/8$。

为了估计低于给定频率和给定频带内简正波的数目，我们利用简正波在波数空间的概念来分析[108]。改写式(5-9)为以下形式：

$$k_n^2 = k_x^2 + k_y^2 + k_z^2$$

式中

$$\left.\begin{aligned} k_x^2 &= \left(\frac{n_x\pi}{L_x}\right)^2 \\ k_y^2 &= \left(\frac{n_y\pi}{L_y}\right)^2 \quad (n_x,n_y,n_z = 1,2,3,\cdots) \\ k_z^2 &= \left(\frac{n_z\pi}{L_z}\right)^2 \end{aligned}\right\} \tag{5-14}$$

k_x,k_y,k_z 的最小增量分别为 $\pi/L_x,\pi/L_y,\pi/L_z$。如果简正波的每一组本征值占有波数空间中的一个小体积单元，$\Delta V=(\pi/L_x)\cdot(\pi/L_y)\cdot(\pi/L_z)=\pi^3/V$，所考虑的波束空间的体积除以体积单元就能得出简正波的数目。式(5-14)对应于波数空间中半径为 k_n 的球面，则 $k_n<k$ 的本征值所占有的体积为 $(4\pi/3)\cdot k^3$，由于 L_x,L_y,L_z 都是正值，故波束空间中只有第一象限部分有用，则所有简正波对应的体积不大于 $(\pi/6)\cdot k^3$。由声场中本征值式(5-14)，n_x,n_y,n_z 均不能取零值，则 $k_n<k$ 的本征值所占的体积为第一象限的总体积减去第一象限中 $x=0$，$y=0$，$z=0$ 三个坐标平面上的本征值占有的体积，再加上多减去的 x,y,z 轴那部分体积：

$$V(k) = \frac{\pi}{6}k^3 - \frac{\pi^2}{8}\frac{L_xL_z + L_yL_z + L_xL_y}{V}k^2 + \frac{\pi^2}{4}\frac{L_x + L_y + L_z}{V}k \tag{5-15}$$

则对应的简正频率 f_n 低于频率 f 的简正波数目为

$$N_f = \frac{V(k)}{\Delta V} = \frac{4\pi}{3}V\left(\frac{f}{c_0}\right)^3 - \frac{\pi}{2}(L_xL_z + L_yL_z + L_xL_y)\left(\frac{f}{c_0}\right)^2 + \frac{L_x + L_y + L_z}{2}\frac{f}{c_0} \tag{5-16}$$

频率为f时的单位带宽内的简正波数目为

$$\frac{\mathrm{d}N_f}{\mathrm{d}f}=\frac{4\pi}{c_0}V\left(\frac{f}{c_0}\right)^2-\frac{\pi}{c_0}(L_xL_z+L_yL_z+L_xL_y)\frac{f}{c_0}+\frac{L_x+L_y+L_z}{2c_0} \tag{5-17}$$

则混响条件下的下限频率f_0可以由式(5-18)确定[54]：

$$\frac{\mathrm{d}N_{f_0}}{\mathrm{d}f_0}\cdot\Delta f_0\geqslant 1 \tag{5-18}$$

$$\Delta f_0=\frac{\bar{\delta}}{\pi} \tag{5-19}$$

式中 $\mathrm{d}N_{f_0}/\mathrm{d}f_0$——给定频率下单位带宽内的简正波数目；

Δf_0——简正波共振峰宽度；

$\bar{\delta}$——水池中的平均阻尼常数。

5.2.2 矩形混响水池内点源的声场

设点源的容积速度为$4\pi Q$，$\boldsymbol{r}_0$为声源的矢量坐标，$\boldsymbol{r}$为观测点的矢量坐标，此时水池内声场的速度势函数$\varphi(\boldsymbol{r})$满足波动方程：

$$\nabla^2\varphi+k^2\varphi=-4\pi Q\delta(\boldsymbol{r}-\boldsymbol{r}_0) \tag{5-20}$$

将$\varphi(\boldsymbol{r})$和δ按简正波展开，将$\varphi(\boldsymbol{r})$表示为本征函数φ_n的形式

$$\varphi(\boldsymbol{r})=-4\pi Q\sum_{n=1}^{\infty}\frac{\varphi_n(\boldsymbol{r})\varphi_n(\boldsymbol{r}_0)}{(k^2-k_n^2)V\Lambda_n} \tag{5-21}$$

由速度势$\varphi(\boldsymbol{r})$可得到点源声场的声压表达式，忽略时间因子$\mathrm{e}^{-\mathrm{i}\omega t}$

$$p(\boldsymbol{r})=-\mathrm{i}\rho\omega\varphi(\boldsymbol{r})=\mathrm{i}4\pi Q\rho\omega\sum_{n=1}^{\infty}\frac{\varphi_n(\boldsymbol{r})\varphi_n(\boldsymbol{r}_0)}{(k^2-k_n^2)V\Lambda_n} \tag{5-22}$$

声压平方值为

$$|p(\boldsymbol{r})|^2=(4\pi Q\rho\omega)^2\Big[\sum_{n=1}^{\infty}\frac{|\varphi_n(\boldsymbol{r})|^2|\varphi_n(\boldsymbol{r}_0)|^2}{(k^2-k_n^2)^2V^2\Lambda_n^2}+\sum_{\substack{n=1\\n\neq m}}^{\infty}\sum_{m=1}^{\infty}\frac{\varphi_n(\boldsymbol{r})\varphi_m(\boldsymbol{r})\varphi_n(\boldsymbol{r}_0)\varphi_m(\boldsymbol{r}_0)}{(k^2-k_n^2)(k^2-k_m^2)V^2\Lambda_n\Lambda_m}\Big] \tag{5-23}$$

式(5-23)中第一个级数为声源所激起的各阶简正波在观测点处的独立叠加，后面的级数为各阶简正波在观测点处的干涉叠加。

由式(5-22)、式(5-23)可见，当$k=k_n$时，将发生第n阶共振。在实际的

声场中，池壁与水介质存在着一定的吸收，使得声压值不可能无限大，即 k_n 为复数形式

$$k_n = \frac{\omega_n}{c_0} + \mathrm{i}\frac{\delta_n}{c_0} \tag{5-24}$$

式中 δ_n 为阻尼因子，反映声场的吸收特性，可由水池的混响时间 T_{60} 计算得到。频带内平均阻尼因子 $\bar{\delta}_n$ 与 T_{60} 的关系为[54]

$$\bar{\delta}_n = \frac{6.90}{T_{60}} \tag{5-25}$$

为了消除干涉的影响，对式(5-23)取空间平均，利用简正波的正交性，由式(5-12)和式(5-13)得到均方声压

$$\langle |p(\boldsymbol{r})|^2 \rangle = \frac{1}{V}\iiint_V |p(\boldsymbol{r})|^2 \mathrm{d}V = (4\pi Q\rho\omega)^2 \sum_{n=1}^{\infty} \frac{|\varphi_n(\boldsymbol{r}_0)|^2}{(k^2 - k_n^2)^2 V^2 \Lambda_n} \tag{5-26}$$

式中〈·〉表示空间平均。

5.2.3 矩形混响水池内均匀脉动球源的声阻抗

从实验测量发现，低于混响水池下限频率的声场分布极不均匀，与自由场相比，有的频率均方声压大，有的频率均方声压小，这是由于混响水池内声源的声阻抗相对自由场发生了变化。

由式(5-22)可以得出声源表面声压，此时令 $\boldsymbol{r} = \boldsymbol{r}_0$，则

$$p(\boldsymbol{r}_0) = \mathrm{i}4\pi Q\rho\omega \sum_{n=1}^{\infty} \frac{\varphi_n^2(\boldsymbol{r}_0)}{(k^2 - k_n^2)V\Lambda_n} \tag{5-27}$$

则均匀脉动球源单位面积上的声阻抗可表示为

$$Z_\mathrm{r} = \frac{p(\boldsymbol{r}_0)}{4\pi Q/4\pi a^2} = \mathrm{i}4\pi a^2\rho\omega \sum_{n=1}^{\infty} \frac{\varphi_n^2(\boldsymbol{r}_0)}{(k^2 - k_n^2)V\Lambda_n} \tag{5-28}$$

由式(5-24)中 $\delta_n \ll \omega_n$，有

$$k_n^2 \approx \frac{\omega_n^2}{c_0^2} - \mathrm{i}\frac{2\delta_n\omega_n}{c_0^2} \tag{5-29}$$

此时将式(5-27)代入到式(5-28)并取实部，得到影响声压幅值的辐射阻

$$\begin{aligned}\mathrm{Re}\{Z_{\mathrm{r}}\} &= \mathrm{Re}\left\{\mathrm{i}4\pi a^2\rho\omega\sum_{n=1}^{\infty}\frac{\varphi_n^2(\boldsymbol{r}_0)}{\left[\left(\frac{\omega}{c_0}\right)^2-\left(\frac{\omega_n}{c_0}\right)^2+\frac{\mathrm{i}2\delta_n\omega_n}{c_0^2}\right]V\Lambda_n}\right\}\\ &= 4\pi a^2\rho c_0^2\omega\sum_{n=1}^{\infty}\frac{2\delta_n\omega_n\cdot\varphi_n^2(\boldsymbol{r}_0)/V\Lambda_n}{(\omega^2-\omega_n^2)^2+4\delta_n^2\omega_n^2}\end{aligned}\tag{5-30}$$

由式(5－30)可以分析得出，当 $\omega=\omega_n$ 时，辐射阻达到第 n 个极大值，对应声场将发生第 n 阶共振。如果对式(5－30)进行空间平均，则得到空间平均的辐射阻 $\mathrm{Re}\{\overline{Z}_{\mathrm{r}}\}$，并与自由场均匀脉动球源的辐射阻[111]做比值

$$\frac{\mathrm{Re}\{\overline{Z}_{\mathrm{r}}\}}{\mathrm{Re}\{Z_{\mathrm{f}}\}}=\frac{\mathrm{Re}\{\overline{Z}_{\mathrm{r}}\}}{\rho c_0k^2a^2}=\frac{4\pi c_0^3}{\omega V}\sum_{n=1}^{\infty}\frac{2\delta_n\omega_n}{(\omega^2-\omega_n^2)^2+4\delta_n^2\omega_n^2}\tag{5-31}$$

分析发现式(5－31)的比值取决于水池特性和声源激发的频率，并且该比值与声源特性无关。如果混响声场模态密度足够高，使得式(5－16)中第一项与后两项相比足够大，对式(5－30)做空间平均时，可以用积分代替求和[54]，此时式(5－31)的结果为 1。式(5－31)的幅值随频率变化趋势，对应于混响声场内的均方声压同自由场在各频率处的幅值关系。

5.2.4　混响法低频扩展测量技术原理

为了分析混响场均方声压级与自由场声源级的关系，将声源的体积速度用此声源在自由场距离源 1 m 处的声压值 p_{f} 表示，则

$$(\rho\omega Q)^2=p_{\mathrm{f}}^2\tag{5-32}$$

利用式(5－26)和式(5－32)，可得混响水池内声压平方的空间平均值与自由场距离声源 1 m 处声压平方的比值为

$$\frac{\langle|p(\boldsymbol{r})|^2\rangle}{p_{\mathrm{f}}^2}=(4\pi)^2\sum_{n=1}^{\infty}\frac{|\varphi_n(\boldsymbol{r}_0)|^2}{(k^2-k_n^2)^2V^2\Lambda_n}\tag{5-33}$$

对于任意点源声场，$\langle|p(\boldsymbol{r})|^2\rangle/p_{\mathrm{f}}^2$ 的值取决于简正波在不同位置声源处的 $|\varphi_n(\boldsymbol{r}_0)|^2$ 及 k_n^2，一旦混响水池给定，声源在水池中的发射位置也给定，那么 $\langle|p(\boldsymbol{r})|^2\rangle/p_{\mathrm{f}}^2$ 的值将固定不变。也就是说，$\langle|p(\boldsymbol{r})|^2\rangle/p_{\mathrm{f}}^2$ 的值不随声源的特性改变，为一定值。如果对式(5－33)两边取对数，则可得到水池中均方声压级 $L_{p_{\mathrm{r}}}$ 与自由场声源级 $L_{p_{\mathrm{f}}}$ 之间的恒定关系：

$$L_{P_r} - L_{P_f} = \Delta C \tag{5-34}$$

$$L_{P_r} = 10\lg\frac{\langle |p(\boldsymbol{r})|^2\rangle}{p_{\text{ref}}^2} \tag{5-35}$$

$$L_{P_f} = 10\lg\frac{p_f^2}{p_{\text{ref}}^2} \tag{5-36}$$

$$\Delta C = 10\lg\left[(4\pi)^2\sum_{n=1}^{\infty}\frac{|\varphi_n(\boldsymbol{r}_0)|^2}{(k^2-k_n^2)^2V^2\Lambda_n}\right] \tag{5-37}$$

式中,p_{ref}^2为参考声压($p_{\text{ref}}=1\ \mu\text{Pa}$)的平方。如果 ΔC 我们通过一已知声源测量得出,利用式(5-34)~式(5-37),对于某个未知声源的自由场声源级 $L_{P_f}^*$,则可通过测量混响水池中对应的均方声压 $L_{P_r}^*$来获得,即

$$L_{P_f}^* = L_{P_r}^* - \Delta C \tag{5-38}$$

其中声功率级的参考功率为 $W_{\text{ref}}=0.67\times10^{-18}$ W。则未知声源的自由场辐射声功率可以类似地通过测量混响水池中的均方声压来获得,即

$$L_{W_f}^* = L_{P_r}^* - (L_{P_r} - L_{W_f}) \tag{5-39}$$

式中 L_{W_f},L_{P_r}——已知声源自由场辐射声功率级及混响水池中的均方声压级;

$L_{W_f}^*$,$L_{P_r}^*$——未知声源自由场辐射声功率级及混响水池中与已知声源对应的均方声压级。

式(5-39)描述了基于声场精细校准的混响法低频扩展测量技术的原理。

5.2.5 混响水池中点源辐射声场的数值计算与分析

为了理论分析混响水池中声源的辐射声场特性,探索声源辐射声功率在混响场中与在自由场中测量结果的内在联系,我们以下一章实验研究中的一个 1.52 m×0.95 m×0.58 m 的玻璃水池为例开展数值计算。首先分析混响声场的简正频率及下限频率,然后计算分析点源混响声场均方声压级与自由场声源级之间的关系。

实验中用到的玻璃水池悬空放置,玻璃水池内的水放置两周时间,消除了水池中气泡的散射影响。由于玻璃的声阻抗与水接近,水池外又为空气,水池的上表面为自由边界,则整个玻璃水池的边界都可以用绝对软边界近似。本节将验证式(5-16)推导结果的正确性,进一步计算出下限频率,并利用式

(5－33)数值计算玻璃水池中点源声场的变化趋势,方便实验比对分析。如果玻璃水池的体积为 1.52 m×0.95 m×0.58 m,水中声速 c_0 =1 474 m/s。利用式(5－9)和式(5－11)计算水池中的简正频率,将前 26 阶模态频率按由小到大顺序 n 列于表 5－1。

表 5－1　1.52 m×0.95 m×0.58 m 矩形玻璃水池的简正频率

n	n_x	n_y	n_z	f_n/kHz	n	n_x	n_y	n_z	f_n/kHz
1	1	1	1	1.565 8	14	1	2	2	3.016 8
2	2	1	1	1.776 8	15	3	3	1	3.024 4
3	1	2	1	2.063 3	16	3	1	2	3.029 2
4	3	1	1	2.081 4	17	2	2	2	3.131 5
5	2	2	1	2.227 7	18	5	2	1	3.146 3
6	4	1	1	2.445 0	19	6	1	1	3.268 0
7	3	2	1	2.477 5	20	4	3	1	3.285 2
8	1	3	1	2.695 6	21	4	1	2	3.289 7
9	1	1	2	2.701 0	22	3	2	2	3.313 9
10	4	2	1	2.789 9	23	1	4	1	3.388 1
11	2	3	1	2.823 4	24	1	3	2	3.480 0
12	2	1	2	2.828 6	25	2	4	1	3.490 6
13	5	1	1	2.845 0	26	6	2	1	3.533 5

由式(5－16)可算得 $N_{2.5\ \text{kHz}}=6.7\approx7$,$N_{3.5\ \text{kHz}}=25.11\approx25$,与表 5－1 中计算出的简正波数目完全相同,验证了式(5－16)推导结果的正确性。简正波的密度大小或给定频带内简正频率的数目多少,反映了水池内声场按混响场处理产生误差的大小,并由式(5－18)和式(5－19)给出了利用混响场处理的下限频率。

利用实验测得的 1/3 倍频程频带内的混响时间,列于表 5－2。通过式(5－19)和式(5－25)计算得到该频带中心频率处的简正波共振峰宽度,再通过式(5－17)和式(5－18)计算得出该共振峰宽度内包含简正波的平均个数,列于表 5－3。

表 5－2　玻璃水池 1/3 倍频程混响时间

1/3 倍频程中心频率/kHz	1.6	2	2.5	3.15	4	5	6.3	8	10	12.5
混响时间 T_{60}/s	0.22	0.37	0.52	0.48	0.42	0.45	0.31	0.21	0.23	0.29

表 5－3　1/3 倍频程中心频率处共振峰宽度内包含简正波的平均个数

1/3 倍频程中心频率/kHz	共振峰宽度 Δf/Hz	$\frac{\mathrm{d}N_f}{\mathrm{d}f}$	$\frac{\mathrm{d}N_f}{\mathrm{d}f}\cdot\Delta f$
4	5.2	0.037	0.19
5	4.9	0.062	0.30
6.3	7.1	0.105	0.75
8	10.5	0.178	1.87
10	9.5	0.288	2.74
12.5	7.6	0.463	3.52

通过表 5－3 可以分析得出，此玻璃水池的下限频率在 6.3 kHz 以上。如果在 $f=7$ kHz 处的共振峰宽度与 6.3 kHz 处的相同，则共振峰宽度内简正波个数仍小于 1，因此可估计出此水池的下限频率 $f_0\approx8$ kHz。

下面分析玻璃水池中低于下限频率频域范围内均方声压的变化。为方便观察规律并与实验结果比对，分析的频率范围选定为 1.5～4 kHz。计算式（5－33）时，声源位置选取 100 个，均匀分布在 1/4 水池体积的角区域，并假设此时水池中声场消除了声源位置变化带来的影响。利用表 5－2 及式（5－25），阻尼因子由实测混响时间计算的 1/3 倍频程频带内平均阻尼因子近似。结合表 5－1 给出的水池简正频率，可得水池内声压平方的空间平均值与自由场距离声源 1 m处声压平方的比值 $\langle|p(\boldsymbol{r})|^2\rangle/p_{\mathrm{f}}^2$，归一化后如图 5－1 所示。

由图 5－1 可分析出，当声源发射的声波频率较低时，由于低频吸收较弱使得简正频率间隔远大于各阶简正波共振峰的宽度。当发射频率等于或接近某一阶简正频率时，声场将发生共振，其他阶简正波的贡献可忽略。当发射频率介于两个简正频率之间并远离简正频率时，与共振时相比，各阶简正波的贡献都较小。因此，在低频区域，混响水池内的共振现象将比较明显，空间平均的均方声压谱仍会出现孤立的尖峰。而当频率很高时,简正频率间的间隔远小于共振峰的宽度,则在每个共振峰宽度频域内有许多简正波被激发,被激发的简正波谱峰谷相互交叠,此时空间平均的均方声压谱将是一条起伏很小的连续曲线。

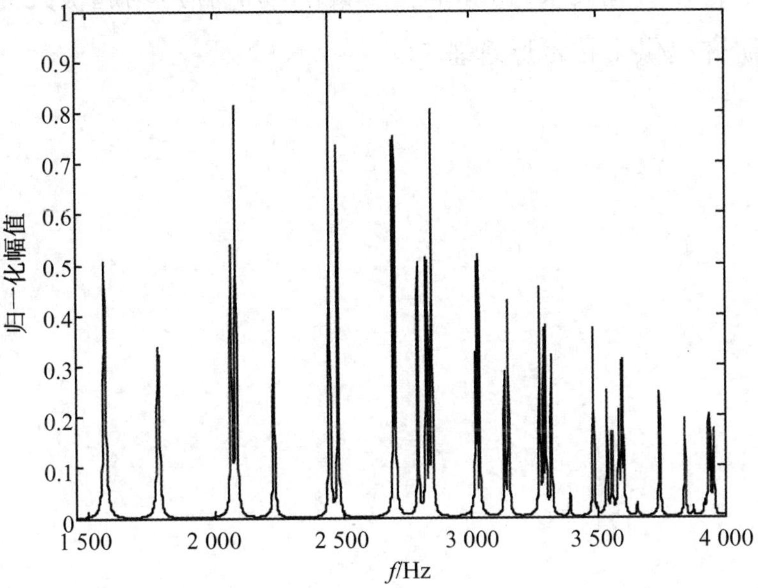

图 5-1　式(5-33)中$\langle |p(r)|^2\rangle/p_f^2$的归一化值

如图 5-1 所示,声场受到低频激发时存在明显的共振峰,如果要在此声场测量某未知声源在低频域的声功率,则必须消除由共振峰带来的不利影响。

5.3　本章小结

本章首先介绍了声源辐射声功率的混响法传统测量原理,应用该方法需要准确测量混响时间,即要满足的条件是在混响控制区内声场分布足够均匀,这在低于非消声水池的下限频率的声场内难以实现。混响法低频扩展测量技术则避开混响时间的测量,通过测量非消声场与自由场之间声场固有特性的差异,对非消声水池内均方声压进行精细校正。为了理解该混响测量技术的原理,理论推导了低于某频率的绝对软边界的矩形混响水池简正波数目的表达式,并给出了计算混响场下限频率的方法。理论分析并数值计算了混响水池内声压平方的空间平均值与自由场距离声源 1 m 处声压平方的比值,得到了在混响水池、声源在水池中的发射位置确定的条件下,此比值为定值的结论,并给出了该混响测量技术的理论依据。推导了均匀脉动球源在混响场内辐射阻的表达式,分析得出辐射阻与声场的均方声压由混响场到自由场的修正量在低频域范围内的起伏存在对应关系,物理解释了混响场低频声场起伏大的原因。本章为实验测量研究提供了技术原理基础。

第 6 章　水下低频声源辐射声功率实验测量研究

水下声源的辐射声功率测量是评价声源声学性能的重要手段。由于在消声水池进行实际测量时低频吸声性能以及远场条件难以实现,加之相对外场测量,利用混响法在非消声水中对声源辐射声功率进行测量具有背景噪声干扰低、测量重复性好、实验方法简单和结果可信等优势,因此利用混响法在非消声水池中对复杂结构声源进行辐射声功率测量具有其他方法所不具备的优势。本章将着重验证第 5 章混响法低频扩展测量技术原理的有效性,并实验分析第 3 章等效算法的适用条件。

6.1　典型声源辐射声功率混响法实验测量研究

6.1.1　声源辐射声功率空间平均的均方声压法测试

对两个宽频球形声源(记为声源 A 和声源 B)分别在哈尔滨工程大学水声技术实验室的消声水池及体积为 1.52 m×0.95 m×0.58 m 的玻璃水池中开展声源辐射声功率测量研究。

1. 消声水池中声源辐射声功率测量

测量系统示意图如图 6－1 所示。分别将球形换能器(EDO 6829 系列)与标准水听器(B&K 8105)置于消声水池水下 5 m,间隔 10 m。由动态信号分析仪(B&K PULSE 3560E)中的信号源模块发出的宽带(0～25.6 kHz)白噪声信号,经功率放大器(Instruments, INC. L2)固定增益放大后加到换能器上,使其满足信噪比要求。水听器拾取到的信号再由动态信号分析仪采集并以声压平方的形式存储在计算机中。将测量得到的声压折算回距离声源 1 m 处的声压得到声源级,并计算得到声源在自由场的辐射声功率。将换能器与水听器间隔 5 m 重新测量,比较两个间隔位置测量得到的声功率的结果。

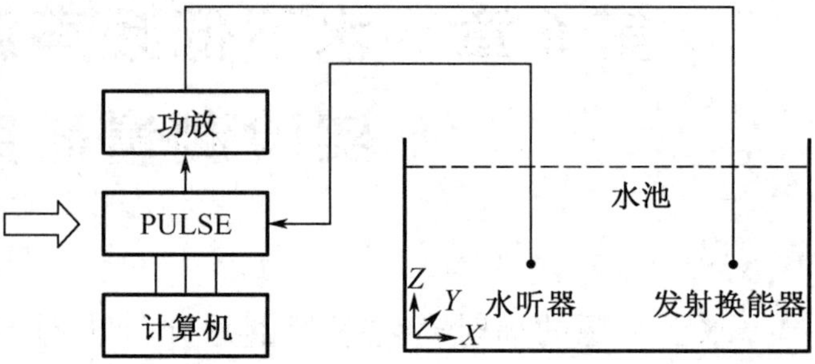

图 6 –1　测量系统示意图

由图 6 –2 和图 6 –3 可以看出,两个声源在不同距离测得的声功率级一致,表明声波在消声水池中按球面波规律衰减,消声水池具有良好的吸声性能,并可以看出在 2 kHz 以上,声源 A 和声源 B 具有良好的发射能力。

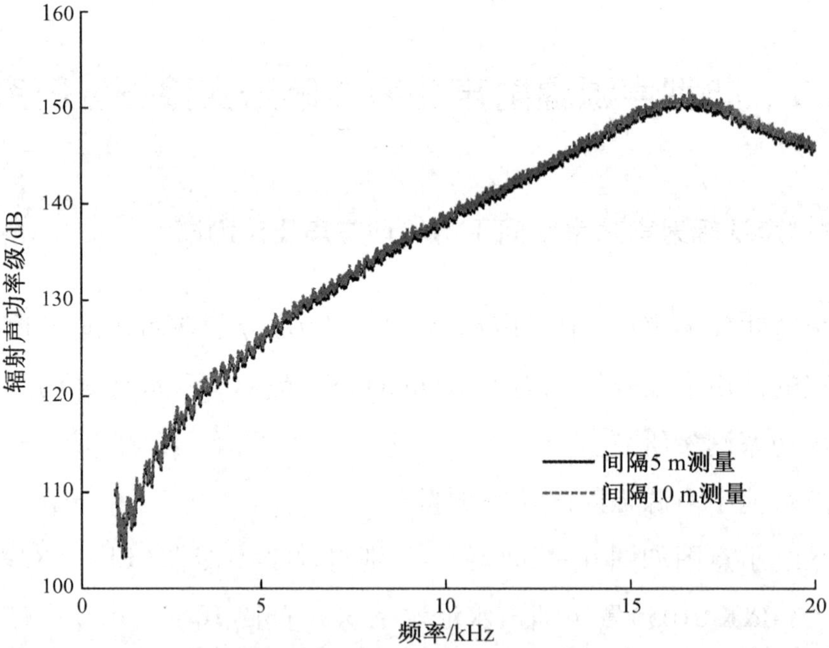

图 6 –2　声源 A 在消声水池中的声功率级

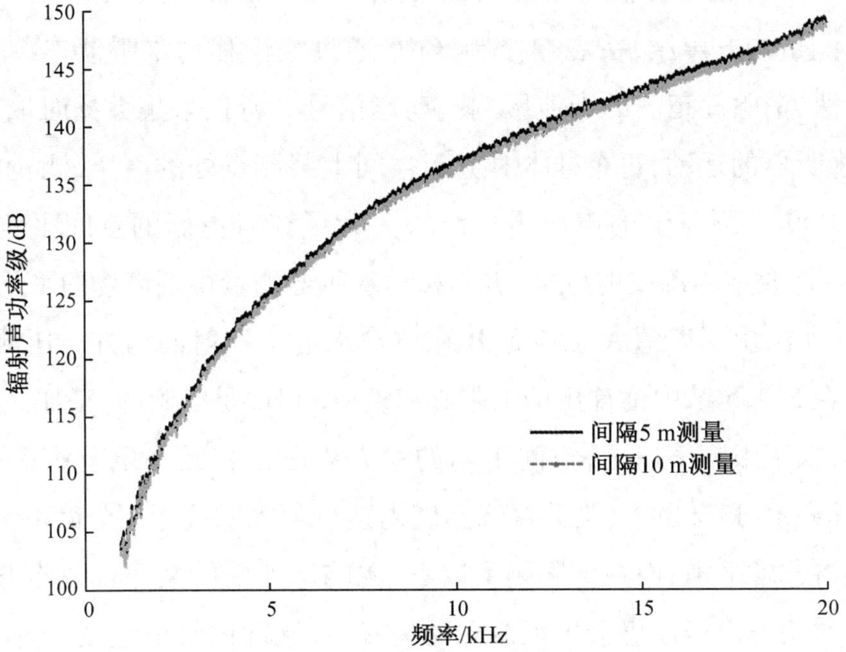

图 6－3　声源 B 在消声水池中的声功率级

2. 玻璃水池中混响时间的测量

测量系统仍如图 6－1 所示，采用稳态声场中断法测量玻璃水池的混响时间。系统采用自动触发方式：声场稳定后声源停止发射，声场开始衰减，当声压下降 5 dB 时动态信号分析仪自动开始采集数据，便可计算得到 1/3 倍频程频带内的混响时间。实验时采用声源 B 作为发射声源，为了获得稳定的混响时间，改变声源与水听器在水池中的位置（声源在 1/4 水池体积的角区域改变 16 个位置。声源每改变一次位置，水听器在换能器对侧沿水池宽度方向改变 3 个位置），重复测量得到混响时间的平均值，列于表 5－2 中，这里不再重复给出。进一步可以计算得出水池的混响半径[54]：

$$r_{\mathrm{h}} = 0.05\sqrt{V/\pi T_{60}} \tag{6-1}$$

利用式（6－1）可算得此玻璃水池的混响半径 $r_{\mathrm{h}} \approx 0.06$ m，说明当测点距离声源 6 cm 以上，测点处的声场便主要取决于混响声，直达声便不再起主要作用。在混响时间测量实验以及后面介绍的测量结果中，测点距离声源均大于 30 cm。

3. 玻璃水池中均方声压的测量

测量系统与 6.1.1 节相同，且使分别加载在声源 A、声源 B 上的驱动电压与

6.1.1 节相同,即信号源输入幅度、带宽及功率放大器的放大增益也一样。在玻璃水池中测量均方声压,在混响控制区内,通过缓慢移动水听器连续采集的空间平均方法,消除简正波的干涉影响。动态信号分析仪采集数据时取 200 次平均,由于水听器的运动,每个样本对应于空间上某测点处的声压,测量结果相当于空间上 200 个测点上的声压平均结果。为了获得更好的空间平均效果,与 6.1.2 节一样改变声源发射位置,重复移动水听器测量得到声场的平均值。

图 6-4 给出了声源 A 和声源 B 在玻璃水池中发射的均方声压测量结果。可以看出在 5.2.5 节中估计出的下限频率 $f_0 \approx 8$ kHz 是准确的,正如 5.2.5 节分析的一样,在下限频率以上,空间平均的均方声压谱将是一条起伏很小的连续曲线,尤其在 10 kHz 以上,当共振峰宽度内至少包含或接近 3 个简正频率时,均方声压谱将非常平滑;而在下限频率以下,混响水池内的共振现象将非常明显,空间平均的均方声压谱仍会出现孤立的尖峰,被激起的峰值谱线恰好对应于玻璃水池的简正频率。同时从图 6-4 中还可以看出,低于最低阶简正频率后,声场中再无可被激发的简正波,声场被"截止"了。

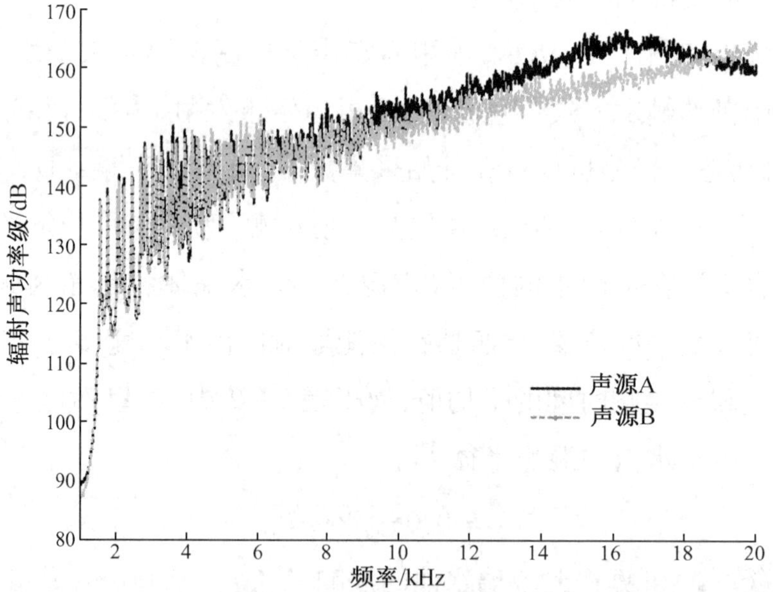

图 6-4　玻璃水池内声源 A 和声源 B 的均方声压级

4. 玻璃水池声功率的混响法传统测量结果

应用混响法传统测量技术,根据 6.1.1 节 ~6.1.3 节的测量结果,并由式(5

-4)测量原理,在玻璃水池中测量得出声源A和声源B的自由场声功率。由于该传统测量技术利用测量声场的混响时间得到玻璃水池到自由场的声场修正量,而混响时间通过动态信号分析仪在1/3倍频程带内平均测量得出,因此只能得到声源辐射声功率在带内平均测量的结果。从图6-5和图6-6可以看出,在下限频率($f_0 \approx 8$ kHz)以上,在玻璃水池中测量的结果与自由场吻合得很好,随着测量频率的降低,偏差将增大。分析偏差原因,可以认为是低于下限频率声场的混响时间测量不准确。这是由于通过稳态声场中断法测量混响时间,前提是声场满足均方声压的统计分布模型,在测量频带内有足够高的模态密度。而在低于下限频率的玻璃水池中,声场分布是不均匀的,混响时间的测量结果将随着声源发射位置及水听器采集位置的变化而变化。因此,在低频区域内即使通过多点位置发射与接收并进行平均来获得混响时间,也不是该频带内混响时间的"真值"。

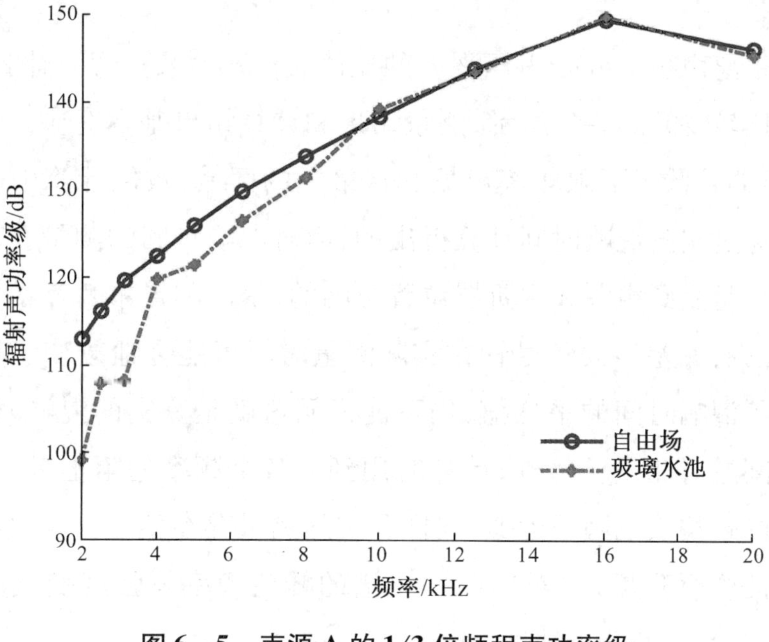

图6-5　声源A的1/3倍频程声功率级

6.1.2　声源辐射声功率的混响法低频扩展技术测试

1. 玻璃水池声场修正量的测试与分析

利用6.1.1节、6.1.3节的实验结果,可测量出水池内声压平方的空间平均

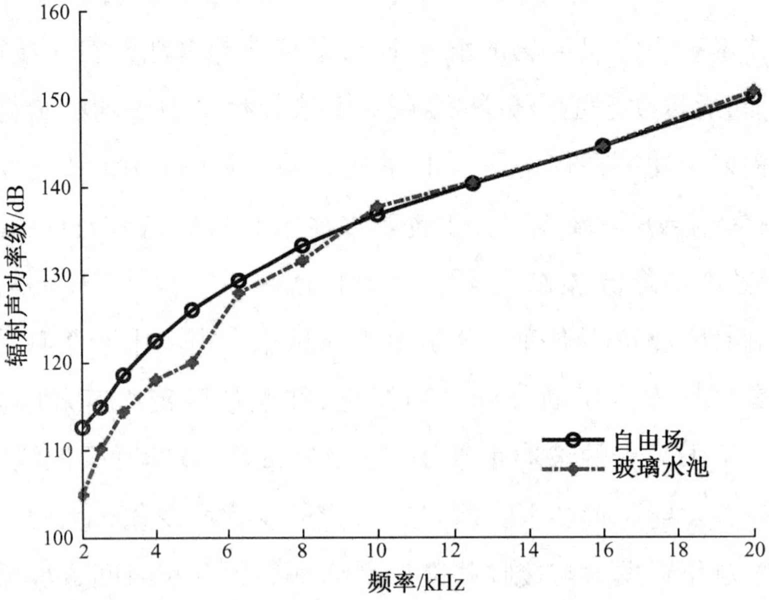

图 6-6　声源 B 的 1/3 倍频程声功率级

值与自由场距离声源 1 m 处声压平方的比值$\langle |p(\boldsymbol{r})|^2\rangle/p_f^2$，并与图 6.1 数值计算结果进行比较，如图 6-7 所示，测量结果和计算结果基本对应。分析偏差原因，由于比较的是低于下限频率声场起伏最大的区域，数值计算中用到的平均阻尼因子是通过实测混响时间计算得出的，而对混响时间的测量在声场起伏较大的低频区域是受到声源和水听器位置影响的，每次测量本身存在不确定度偏差，尤其在低频，偏差很大。尽管在实际测量时尽可能多地改变了声源和水听器位置求出了混响时间的平均值，仍不能说明这就是真实的混响时间，因为不可能在全空间进行测量。另外，计算时用到的各个频率的阻尼因子，我们采取对应频带内的平均阻尼因子近似，同样和实际测量存在偏差。这些因素影响了计算和实测的吻合程度，但对应归一化谱的峰值频率及强度变化趋势是一致的，验证了 5.2.5 节的分析结论。

进一步实验验证$\langle |p(\boldsymbol{r})|^2\rangle/p_f^2$ 值是声场特性，为恒定参量，不随声源特性改变。从图 6-7 中可以看出，声源 A 和声源 B 各自与自由场的归一化谱基本重合。对实际测量的$\langle |p(\boldsymbol{r})|^2\rangle/p_f^2$ 取对数，也就得出了在玻璃水池中的均方声压级与自由场声源级的差值曲线，即式(5-34)中的 ΔC 曲线，如图 6-8 所示。两声源测出的 ΔC 曲线基本一致，验证了$\langle |p(\boldsymbol{r})|^2\rangle/p_f^2$ 为定值的结论。

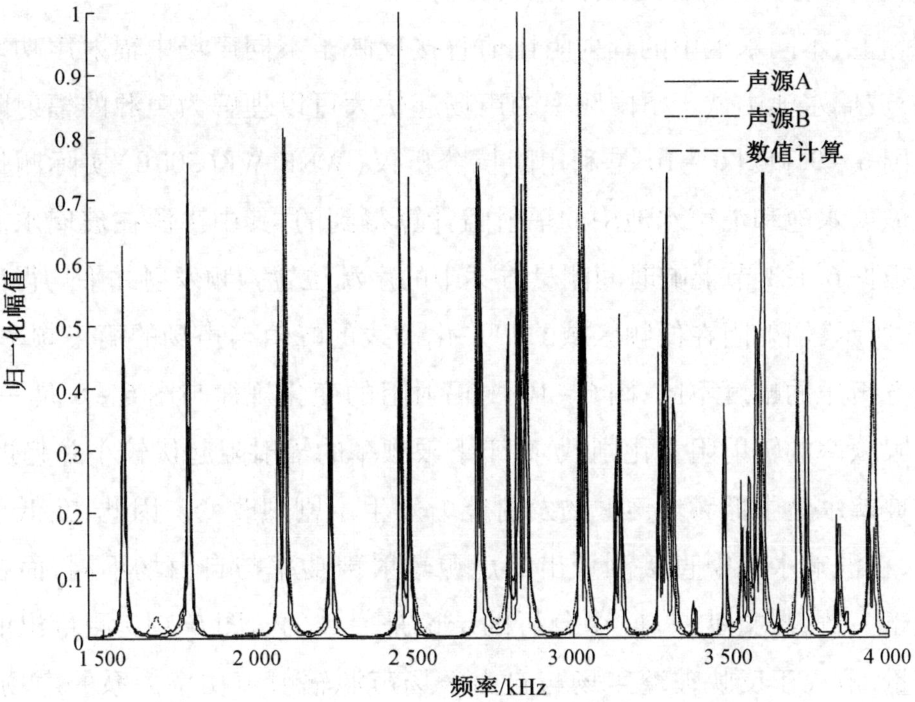

图6-7　$\langle |p(r)|^2\rangle/p_f^2$ 的实验比对

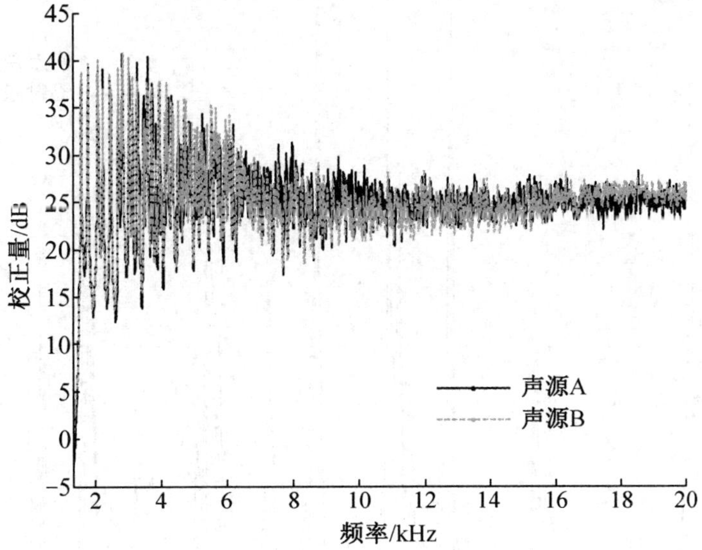

图6-8　ΔC 的实验测量

2. 玻璃水池声源辐射阻的测量与分析

实际上，不同水池中的辐射阻比值直接反映了不同声场中辐射声功率的比值关系，玻璃水池中低于下限频率的声场起伏大可以理解为声源的辐射阻变化剧烈。图 6-9 和图 6-10 是利用阻抗分析仪（WKE WK6500B）实际测量出的声源在玻璃水池和消声水池中的辐射阻计算得到的，其中声源在玻璃水池中的辐射阻根据 6.1.1 节混响时间测量方案中的声源位置扫频发射并平均得出。如图 6-9 所示，辐射阻在低频区域的归一化谱线的峰值与声场的简正频率对应，但与均方声压的幅度不同；图 6-10 中辐射阻的变化规律与图 6-8 是一致的，低于下限频率的辐射阻变化剧烈，高于下限频率的辐射阻起伏较小并趋近于 0，说明在玻璃水池中低频域声源的发射能力发生了剧烈改变。因此，在低于下限频率时，在混响水池中直接测量出的声源辐射声功率与自由场不同，而在高频时则趋于一致，与文献[111]中分析的结论是一致的。图 6-10 测量出的辐射阻修正量，取决于反映玻璃声场与自由声场声源辐射声功率关系的声场特性，与声源特性无关，如果能测量得到混响水池中声源的实际辐射声功率，利用此辐射阻修正量也可以将其校正回自由场中的声源声功率值。

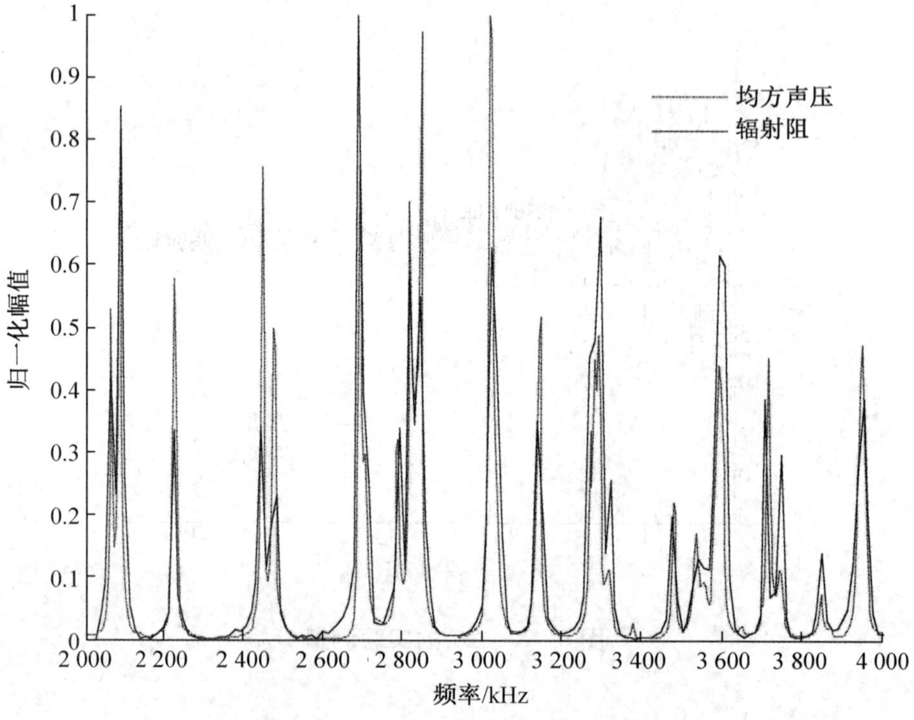

图 6-9　玻璃水池中声源 B 的辐射阻与均方声压的对应关系

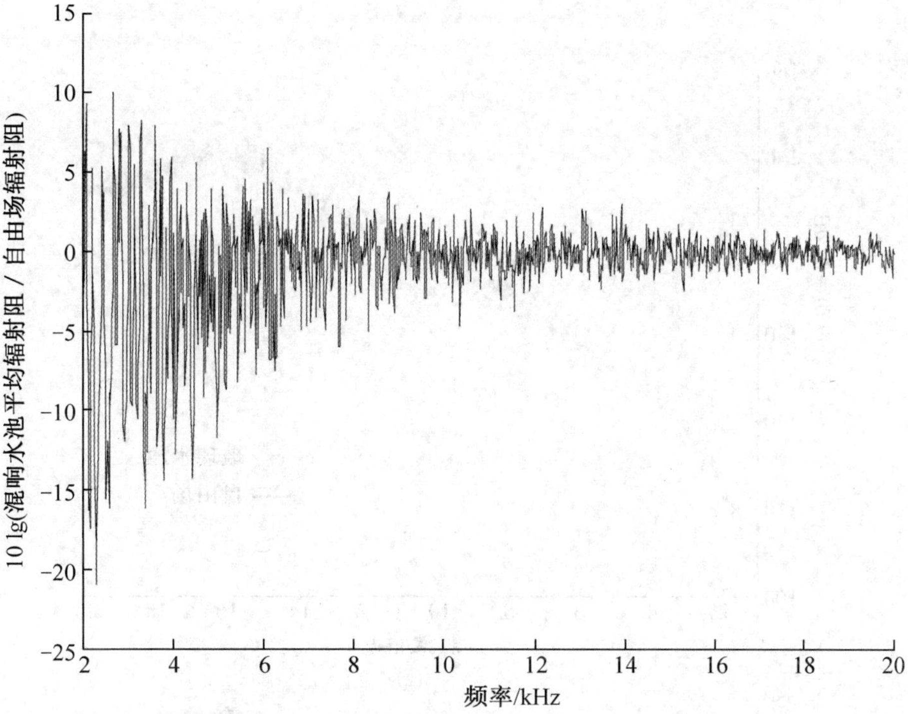

图 6－10　声源 B 的辐射阻在玻璃水池和消声水池中的测量结果比值

3. 玻璃水池声功率测量的低频校正

为了验证式(5－39)原理的正确性,在玻璃水池中进行声源 A 和声源 B 的均方声压测量,并对其低频修正,得到声源 A 和声源 B 在自由场的辐射声功率。

对两声源的其中一个进行测量时,另一个声源作为已知声源对测量结果进行修正。图 6－11 和图 6－12 给出了在玻璃水池中测量不同声源声功率,用式(5－39)进行自由场校正的测量结果,其中 1/3 倍频程声功率测量结果给出了测量不确定度。图中"**I**"表示测量不确定度的变化范围。

从图 6－11 和图 6－12 中可以看出,在玻璃水池中测量,经过校正,可以消除水池中声场由简正波共振带来的剧烈起伏影响,准确得到声源在自由场中的声源级和声功率级,窄带谱偏差小于 3 dB,声功率级的 1/3 倍频程谱偏差小于 1 dB。测量精度还可以随声源发射位置增多及声场的大范围多次测量来提高。实验结果验证了理论分析的正确性。

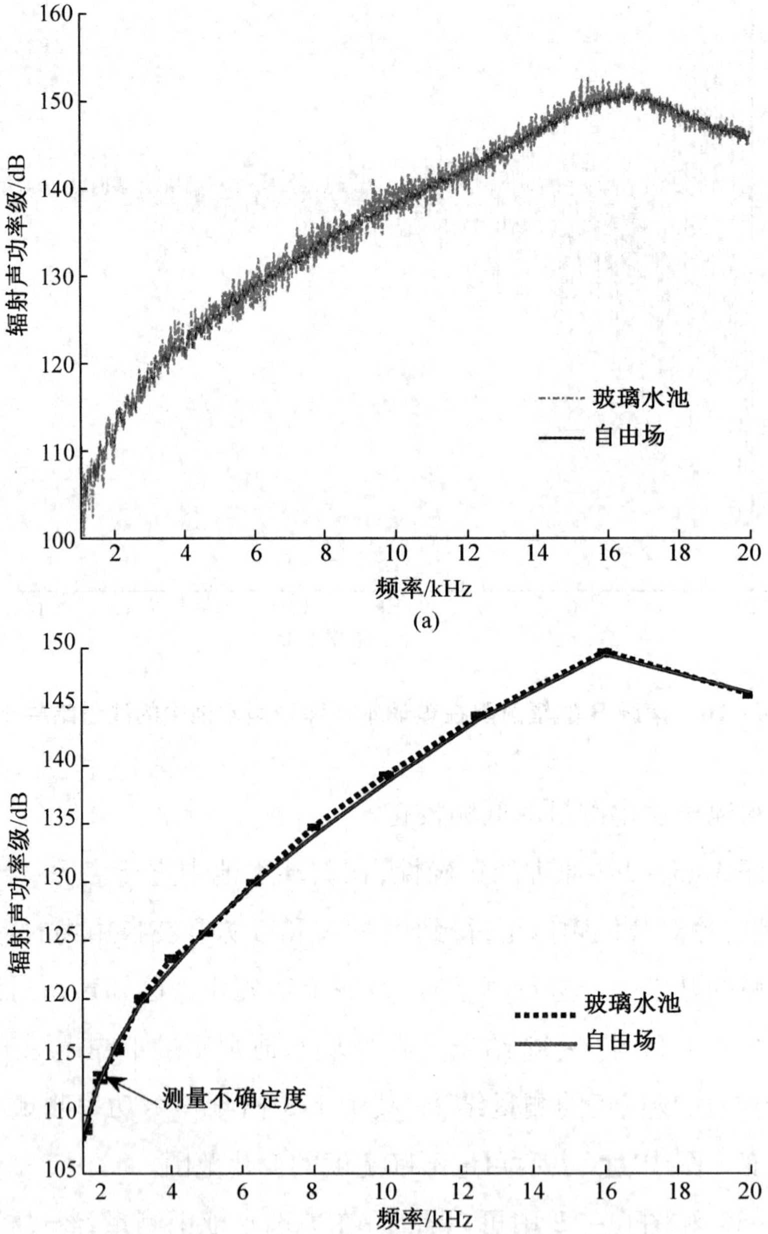

图 6-11　声源 A 在玻璃水池测量的自由场校正

(a)窄带声功率级比对;(b)1/3 倍频程声功率级比对

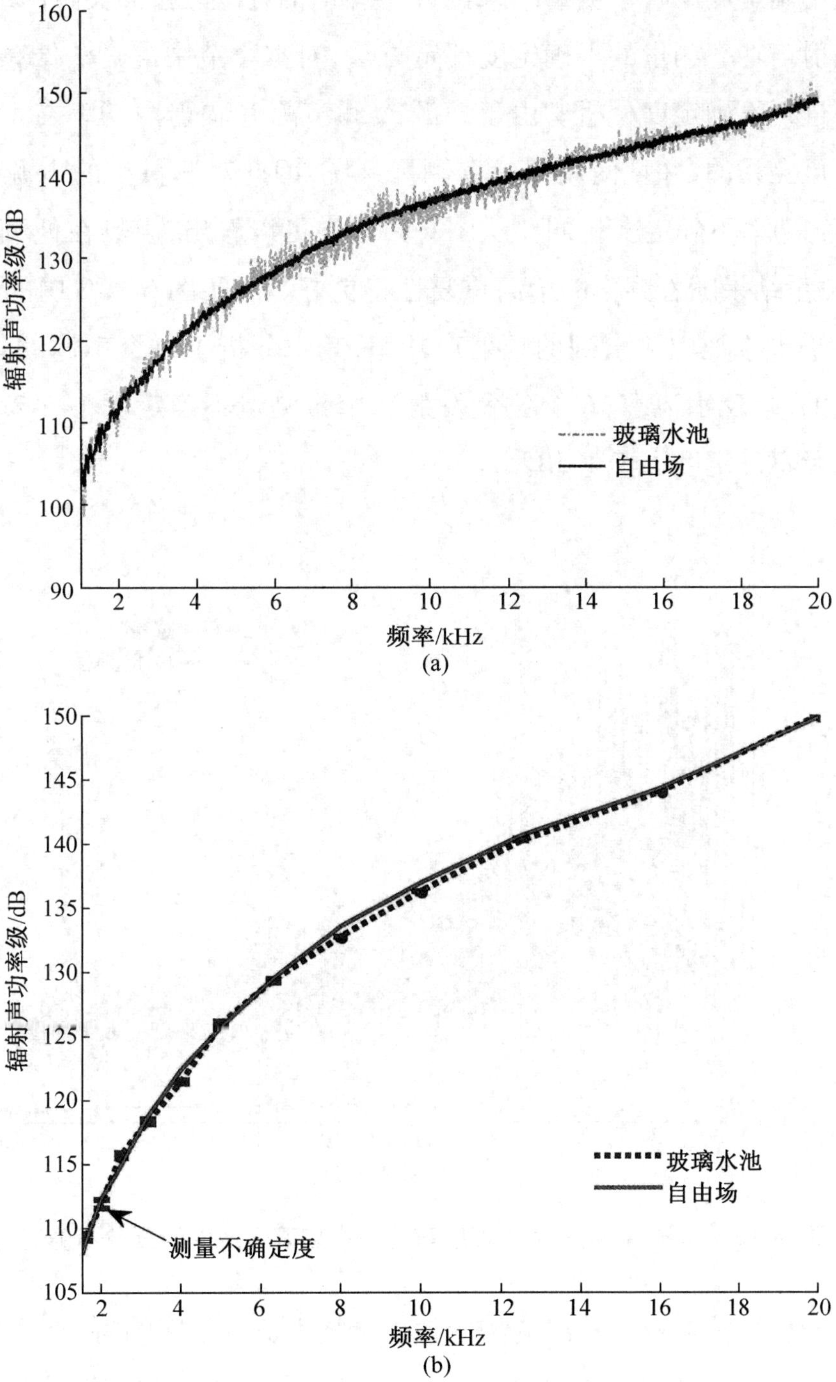

图 6－12　声源 B 在玻璃水池测量的自由场校正

(a)窄带声功率级比对;(b)1/3 倍频程声功率级比对

4. 混响法低频扩展技术测量不确定度分析

测量不确定度反映了测量结果接近“真值”的程度。按照文献[130]对混响法声源辐射声功率测量的不确定度评定方法,对本小节中混响法低频扩展技术测量结果进行不确定度分析。由于声源 A 和声源 B 辐射声功率在本节中的测量过程是可互易的,并且使用同一套测量系统,因此对测量出的声源 A 和声源 B 的辐射声功率不确定度相同。从图 6-13 中可以看出,声场在低频域分布极不均匀,测量结果随着频率的增高重复性将更好。对于图 6-12 中的声源 A 和声源 B 在玻璃水池中测量到的辐射声功率,其中分析了每个声源的 16 个测量样本(声源在玻璃水池中 16 个位置发射),窄带测量不确定度小于 2.5 dB,1/3 倍频程测量不确定度小于 1 dB。

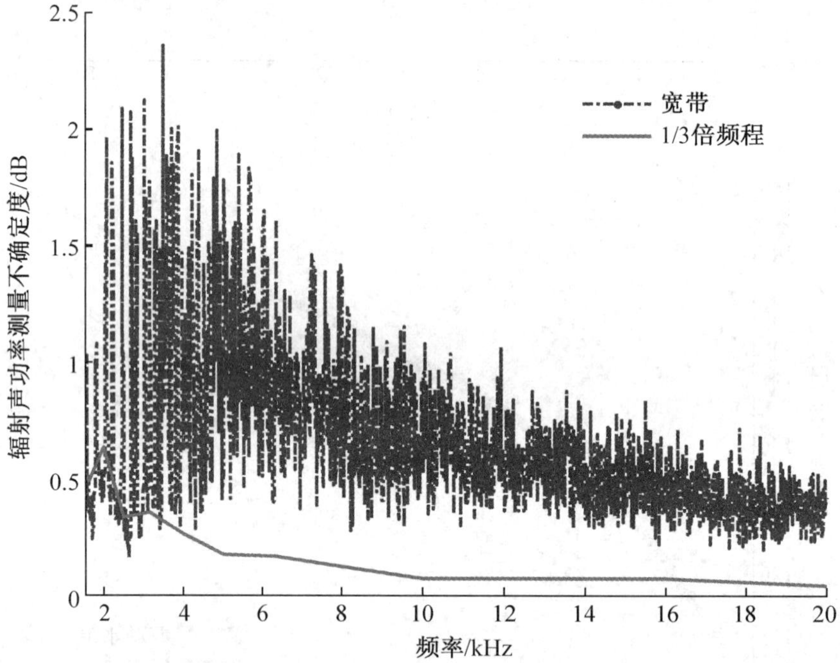

图 6-13　声源 A 和声源 B 辐射声功率在玻璃水池中的测量不确定度

5. 基于声场精细校正的混响法低频扩展技术适用范围的讨论

这里混响水池中的修正量是通过已知声源在自由场和该混响场测量均方声压得到的,该修正量反映了混响场与自由场声场的自身差异是声场特性,与声源特性无关。因此对于不同边界的混响水池同样是适用的,并且这个修正量可以由任意已知声源测量获得。值得指出的是,在修正量的测量过程中要保证已知声源分别在自由场和混响场中发射的信噪比,建议利用低频声源和高频声源分别获得对应频带内声场的修正量。根据声场的叠加原理,复杂声源可以分解为若干个简单声源的叠加。根据文献[130]分析,指向性声源在混响场的混响控制区内的均方声压为常量,而混响半径随着指向性因子的变化而变化;混响场中有多个声源同样满足独立声源的线性叠加,因此在混响控制区内空间平均测量到的均方声压,既包含了声源信息也包含了声场的平均信息,则这里所述的校正方法对于复杂声源的声功率测量仍然是适用的。只是若考虑到复杂声源的体积不能忽略,声源的体积相当于混响声场的附加边界,修正量要连带复杂声源一同测量。

6.2 圆柱壳模型低频声辐射特性的实验测量研究

6.2.1 圆柱壳模型辐射声功率在消声水池中的测量

圆柱壳模型自由场辐射声功率的测量在哈尔滨工程大学消声水池(25 m×15 m×10 m)中进行。其中圆柱壳模型长1 m,壳厚0.003 m,半径0.08 m,在长度方向0.375 m处沿径向施加机械激励,激励源为纵振动棒。模型端面与回转装置法兰通过细丝杠连接,模拟自由边界。水听器阵如图6-14所示布置,满足远场测试条件。

当回转装置带动模型旋转一周时,水听器阵近似围绕待测模型形成一个封闭的测量包络面,同时将水听器阵测量包络面划分为许多小面单元,记为N个。并记第j个小面单元面积为S_j,通过第j个小面单元的声强为I_j,且$I_j=\overline{P}_j/\rho c$。由于实验在消声水池中进行,忽略混响声对声场的影响,则声源辐射声功率级为[51]

$$L_W = 10\lg\left(\sum_{j=1}^{N}\frac{\overline{P}_j^2}{P_{\text{ref}}^2}\cdot S_j\right) \tag{6-2}$$

式中 L_W——发射声功率级;

$\overline{P}_j^2$——水听器阵测量包络面上第j个小面单元对应的均方声压;

P_{ref}——参考声压,1 P_{ref}=1 μPa。

图 6 – 14　自由场实验模型及水听器阵布置示意图

实际实验测量时回转装置的转动间隔为 10°，模型激励发射时固定信号输入幅值和功放的放大量。为了和第 3 章提出的圆柱壳声振特性低频等效计算方法比较，结合纵振动棒的工作频率范围（谐振频率 13 kHz），模型以 1/3 倍频程中心频率单频发射（2 ~ 16 kHz），并在激励位置处粘贴一个加速度计拾取振动信号。自由场中圆柱壳模型激励点位置的振动测量结果如图 6 – 15 所示，声功率的测量结果如图 6 – 16 所示。

6. 2. 2　圆柱壳模型辐射声功率在非消声水池中的测量

圆柱壳模型非消声场辐射声功率的测量在哈尔滨工程大学非消声水池（15 m × 6 m × 6 m）中进行。为了验证第 5 章提出的混响法低频扩展测量技术的有效性，分别采用 6. 1. 1 节中两个球形声源 A 和 B 作为声场校正声源，并和消声水池中的测量结果比较。模型的吊放状态、激励信号输入量以及功放的放大量均与在消声水池中测量时相同。

测量方法与 6. 1. 2 节相同，为了能更好地获得非消声水池内声场的平均统计特性，并且减少水听器阵在空间内的扫描范围，改变声源的发射位置，水听器阵仅在一个竖直面内缓慢移动扫描，测量示意图如图 6 – 17 所示。将在非消声水

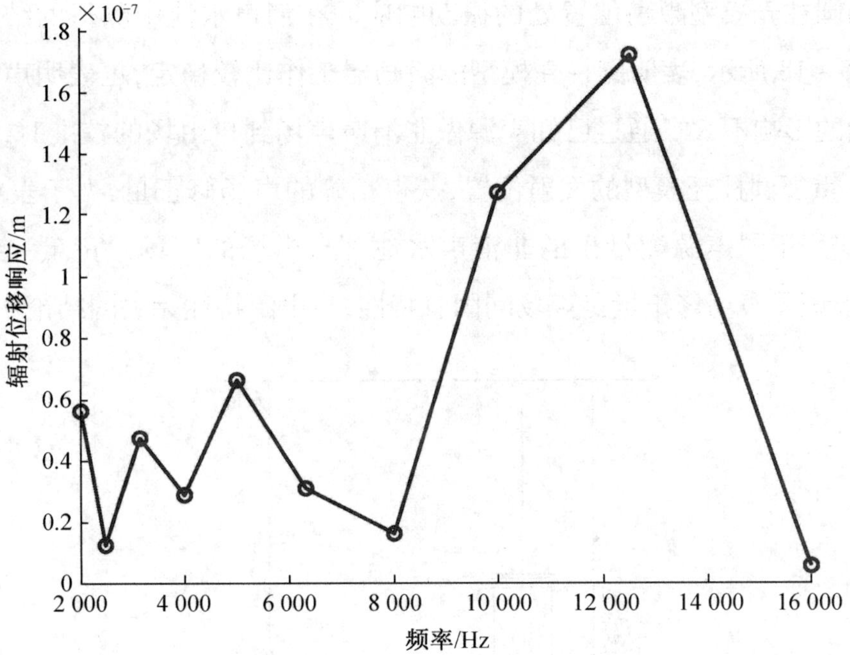

图 6－15　模型激励位置位移响应

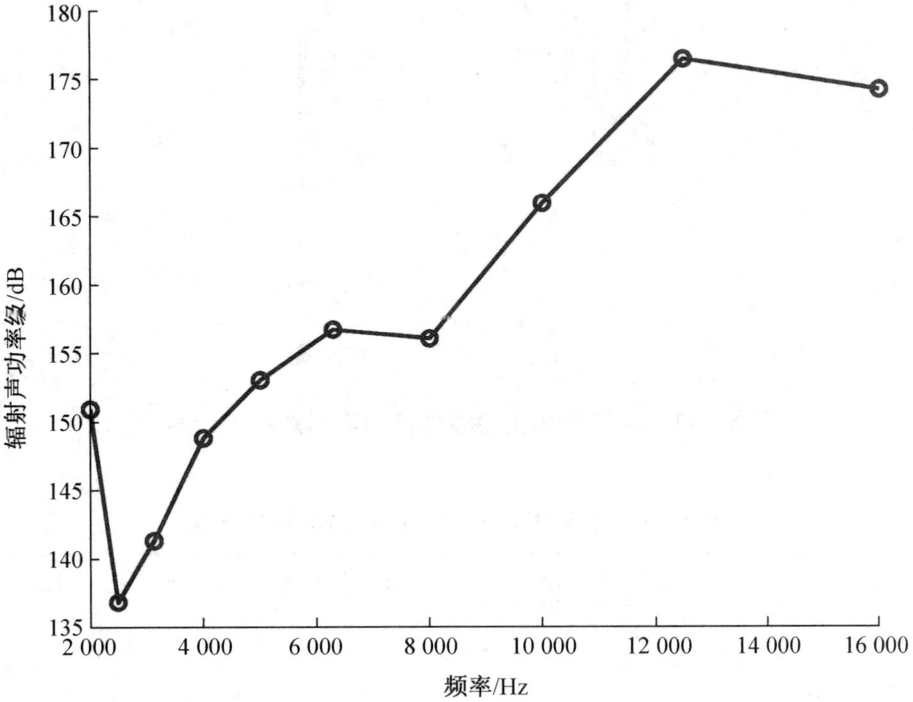

图 6－16　模型在自由场中辐射声功率级

池测得的圆柱壳模型激励位置处的振动响应同在消声水池中测得的结果进行比较，如图 6－18 所示，表明圆柱壳模型的激励器工作比较稳定，也表明声场边界对结构振动的影响不大。通过已知声源做非消声声场到自由场的校准时，使声源 A 和声源 B 重复圆柱壳模型的发射位置，获得精确的声场修正量，列于表 6－1。可以看出，应用不同声源测量出的非消声水池到自由场的声场修正量一致性非常好，再次验证了声场修正量是声场间固有特性，与声源特性无关的结论。

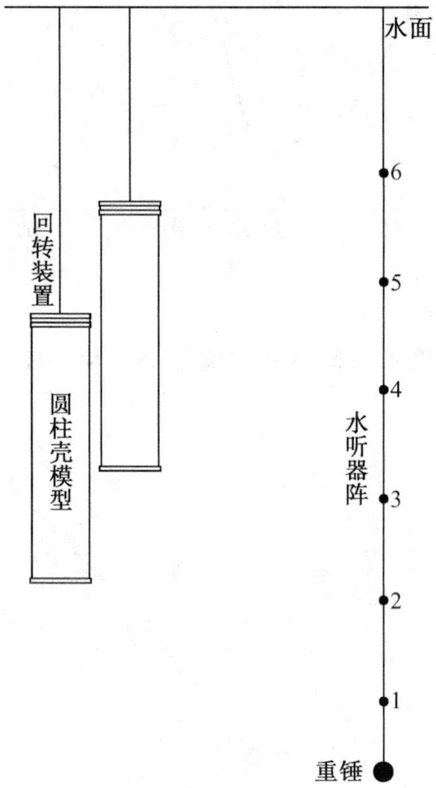

图 6－17　非消声场实验模型及水听器阵布置示意图

表 6－1　非消声水池到自由场的声场校正量

频率/kHz	2	2.5	3.15	4	5	6.3	8	10	12.5	16
声源 A 测量的修正量 ΔC/(dB)	−4.6	−7.4	−7.2	−5.9	−6.1	−6.0	−6.5	−6.6	−7.4	−8.0
声源 B 测量的修正量 ΔC/(dB)	−3.6	−6.9	−6.8	−5.5	−5.6	−6.2	−6.5	−6.8	−7.2	−7.4

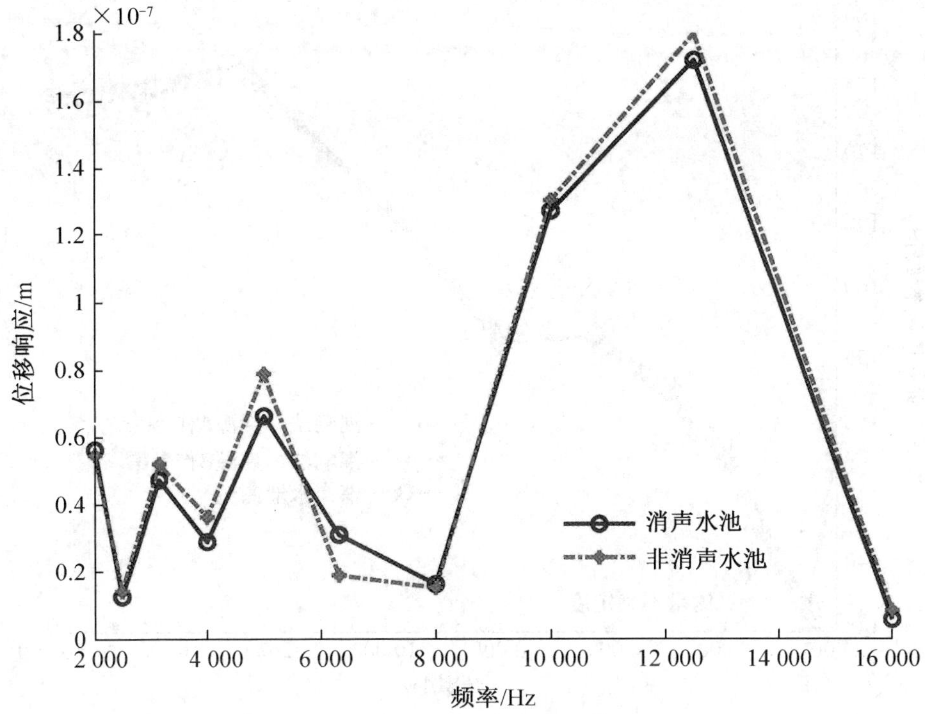

图 6－18　非消声场中模型激励位置处的位移响应

进一步同图 6－8 比较可以发现，随着非消声水池体积的增大，在非消声水池中测量到的均方声压逐渐减小。声场修正量可以是正值，也可以是负值，体现了非消声水池的尺度效应特性。

利用表 6－1 列出的修正量，结合圆柱壳模型在非消声水池中测量得到的均方声压，可以准确得到该模型在自由场的辐射声功率级。分别利用声源 A 和声源 B 对圆柱壳模型在非消声水池测得的均方声压进行自由场校正，声功率的测量不确定度均小于 1 dB，表明在非消声水池中的测量结果具有较好的重复性；利用两已知声源校正出的圆柱壳辐射声功率具有良好的一致性，与自由场测量结果比较，偏差小于 1. 5 dB，如图 6－19 所示。

6. 2. 3　圆柱壳模型低频声辐射特性等效梁算法的实验验证

为了分析第 3 章所述的等效梁算法的适用条件，同 6. 2. 1 节中圆柱壳模型的声功率测量结果进行比对。这里需要指出的是，该圆柱壳模型的长径比为 12. 5，远小于第 3 章和第 4 章分析的长径比应大于 20 的限制，必须考虑圆柱壳

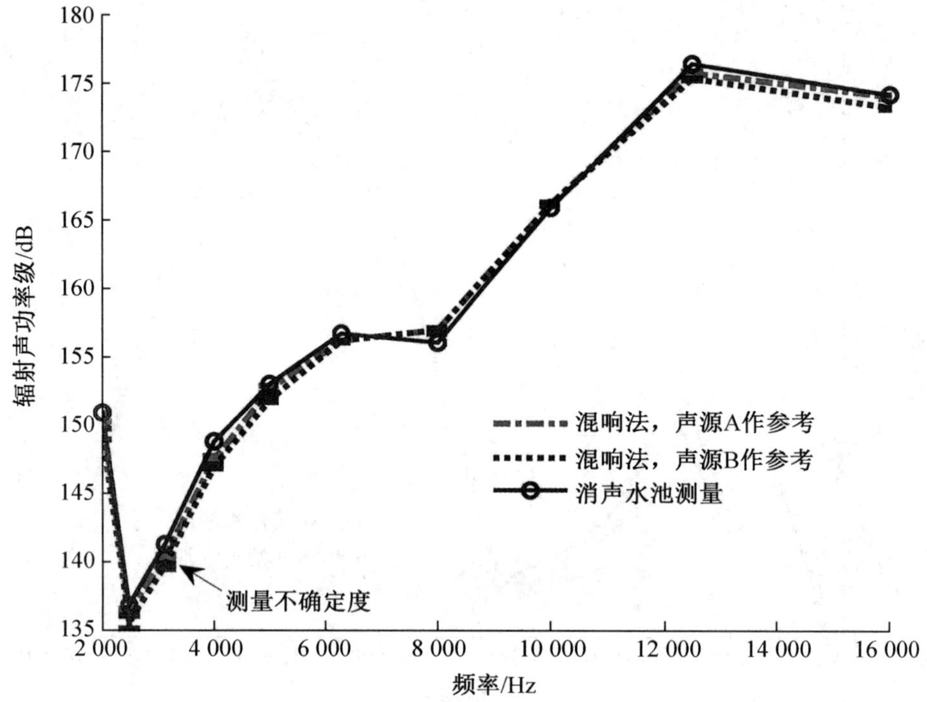

图 6-19　模型在非消声水池中测量校正后的声功率级

结构剪切力和剖面惯性矩对振动的影响，此时等效梁算法中的欧拉梁模型已不再适用。文献[83]指出，在空气中，对于长径比 $L/a>7$ 的薄圆柱壳，应用铁摩辛柯梁理论可以预测圆柱壳的弯曲振动模式（$n=1$）的最低模态频率和振动响应。因此在对实验模型进行声功率的低频预报时，将第 3 章和第 4 章等效梁算法中的梁模型替换为铁摩辛柯梁模型，等效求解方法及流程不变，通过与实验对比，分析等效梁算法的适用条件。等效梁算法中用到的计算参数及计算出的实验模型在水中的前 5 阶弯曲振动频率列于表 6-2。

表 6-2　实验模型结构等效梁算法计算参数及水中弯曲振动频率

阶号	1	2	3	4	5
空气中弯曲振动频率/Hz	710.4	1 705	2 841	3 954	4 984
等效杨氏模量系数	0.887 8	0.913 3	0.923 9	0.910 3	0.863 3
附加水质量三维修正系数	0.760	0.690	0.640	0.575	0.500
水中弯曲振动频率/Hz	563.04	1 299.7	2 076.1	2 701.7	3 389.1

在使用等效梁算法计算实验模型的低频辐射声功率时，利用采集到的实验模型激励位置处的加速度，对计算模型中的激励力进行归一化处理，使得计算模型中激励位置的加速度与测量值相同。由于实验测量及模型激励器的限制，这里只比较在 2 000 Hz,2 500 Hz,3 150 Hz 和 4 000 Hz 四个频率等效计算出的圆柱壳辐射声功率与实验测量的差异，如图 6－20 所示。

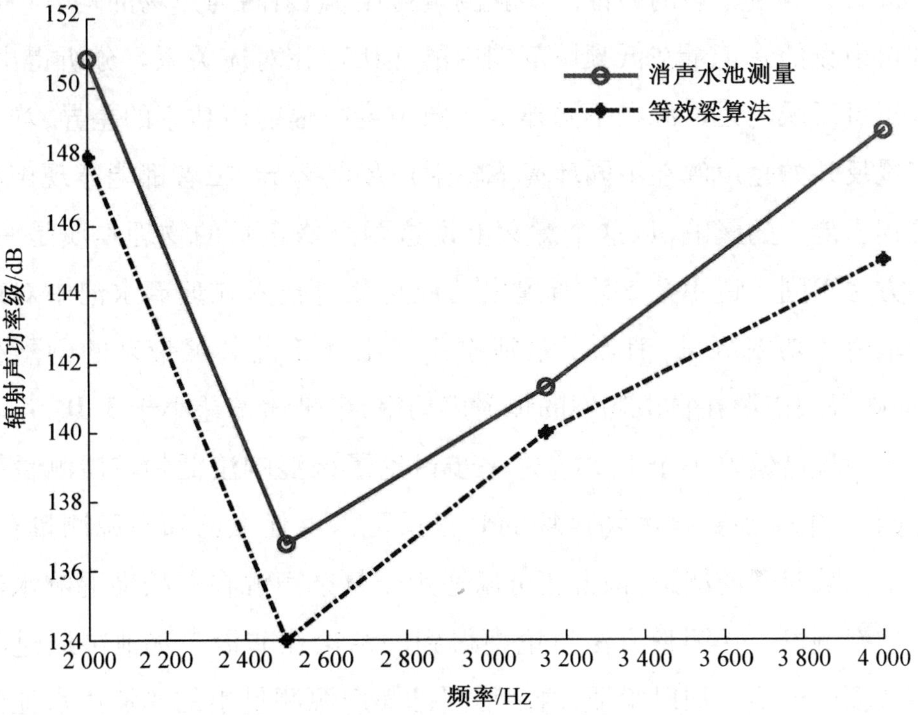

图 6－20　实验模型低频辐射声功率的预报与实验比较

等效梁算法预报的实验模型辐射声功率整体小于实验测量的结果，表明此模型结构除了弯曲振动模态，还有其他低阶模态影响辐射声功率。等效梁算法计算的声功率与实验结果变化趋势相近，表明弯曲振动模态对实验模型的低频辐射声功率仍然起主要作用。高于 4 000 Hz 时，差别更加明显，低频弯曲振动模态对声功率的主要贡献作用被其他模态所代替。因此，对于该长径比的实验模型，尽管采用了铁摩辛柯梁模型考虑了剪切力及剖面惯性矩的影响，等效梁算法预报圆柱壳低频辐射声功率是偏小的，此时计算前 5 阶弯曲振动频率范围内的圆柱壳辐射声功率仅仅考虑梁式弯曲振动模态是不够的，等效梁算法仍应满足在长径比大于 20 的圆柱薄壳结构中应用。

6.3 本章小结

本章实验研究验证了第 3 章水下圆柱壳振动与声辐射低频等效算法的适用条件以及第 5 章水下声源混响法低频扩展测量技术的有效性。首先在玻璃水池中进行了测量原理的验证。实验测量得出,辐射阻与声场的均方声压由混响场到自由场的修正量在低频域范围内的起伏存在对应关系。分析得出,辐射阻的修正量反映的是声源在不同环境下向声场中辐射声功率的差异,均方声压的修正量反映的是声源在不同环境下辐射声场的差异,二者都能体现声场边界对声源辐射能力的影响,从这个意义上说这两个修正量的物理本质是一致的,但应用方法不同。运用第 5 章所提出的混响测量技术在玻璃水池中对球形声源进行辐射声功率测量,消除了水池中声场由简正波共振带来的剧烈起伏影响,可准确得到声源在自由场中的辐射声功率,窄带谱偏差小于 3 dB,声功率级的 1/3 倍频程谱偏差小于 1 dB。进一步讨论了该混响法低频扩展测量技术的应用范围,混响水池到自由场声场的修正量可以由任意已知声源测量获得,由于避免了混响时间的测量,该方法可以适用于复杂声源在非校准混响水池中的辐射声功率测量。在测量方法讨论中得到的结论在非消声水池中通过测量圆柱壳模型辐射声功率加以验证,两个不同已知声源测量出的非消声水池到自由场声场修正量极好地吻合,在非消声水池中模型的声功率测量结果与自由场一致,偏差小于 1.5 dB。最后结合圆柱壳模型的声功率测量实验,分析了水下圆柱壳低频声辐射特性的等效梁算法的适用条件,等效梁算法仍应满足在长径比大于 20 的薄壳结构中应用。

参 考 文 献

[1] 俞孟萨,吴有生. 舰船声弹性及声辐射理论研究概述[J]. 船舶力学,2008,12(4):669-676.

[2] 俞孟萨,吴有生. 舰船声弹性理论研究概述[C]. 第六届船舶力学学术委员会议专集. 镇江:[出版者不详],2006:92-100.

[3] 陈志坚,夏齐强,艾海峰. 潜艇典型结构的声振特性研究概述及声学设计构想[J]. 振动与噪声控制,2012,2:1-6.

[4] 曹志远. 板壳振动理论[M]. 北京:中国铁道出版社,1989.

[5] Junger M C. Vibrations of elastic shells in a fluid medium and the assoeiated radiation of sound[J]. Appl. Mech. ,1952,74:439-445.

[6] Junger M C. The physical interpretation of the expression for an outgoing wave in cylindrical coordinates[J]. Acoust. Soc. Am,1953:25-32.

[7] Stepanishen P R. Radiated power and radiation loading of cylindrical surfaces with nonuniform velocity distributions[J]. Acoust. Soc. Am. ,1978,63(2):328-338.

[8] Stepanishen P R. Modal coupling in the vibration of fluid-loaded cylindrical shells[J]. Acoust. Soc. Am. ,1982,71(4):813-823.

[9] Laulagnet B,Guyader J L. Modal analysis of a shell's acoustic radiation in light and heavy fluids[J]. Journal of Sound and Vibration,1989,131(3):397-415.

[10] Laulagnet B, Guyader J L. Sound radiation by finite cylindrical ring stiffened shells[J]. Journal of Sound and Vibration,1990,138(2):173-191.

[11] Sandman B E. Radiation and vibrational properties of submerged stiffened cylindrical shell[J]. Acoust. Soc. Am. ,1990,95(6):1817-1830.

[12] Harari A, Sandman B E. Analytical and experimental determination of the

vibration and pressure radiation from a submerged, stiffened cylindrical shell with two endplates[J]. Acoust. Soc. Am. ,1994,95(6):3360-3368.

[13] 肖邵予,骆东平,朱显明. 两端用圆板封口的环肋柱壳振动声辐射性能分析[J]. 噪声与振动控制,2005,6:15-18.

[14] 刘涛,范军,汤渭霖. 水中弹性圆柱壳体的共振声辐射[J]. 声学学报,2002,27(1):62-66.

[15] Cole III J E. Vibrations of a framed cylindrical shell submerged in and filled with acoustic fluids: spectral solution[J]. Computer & Structures,1997,65(3):385-393.

[16] 谢官模. 环肋圆柱壳在流场中的动力响应和声辐射[D]. 武汉:华中科技大学,1994.

[17] 谢官模,李军向. 环肋、舱壁和纵骨加强的无限长圆柱壳在水下的声辐射特性[J]. 船舶力学,2004,8(2):101-108.

[18] 罗斌. 肋骨型式对环肋圆柱壳综合性能的影响[D]. 武汉:华中科技大学,1995.

[19] 文丽,骆东平,陈越澎,等. 流场中有限长纵横加筋圆柱壳声辐射[J]. 华中理工大学学报,1999,27(8):54-56.

[20] 汤渭霖,何兵蓉. 水中有限长加肋圆柱壳体振动和声辐射近似解析解[J]. 声学学报,2001,26(1):1-5.

[21] 廖长江,蒋伟康,王云,等. 水中有限长纵向加肋圆柱壳体振动与声辐射影响因素研究[J]. 振动与冲击,2009,28(5):74-79.

[22] Yan J, Li T Y, Liu J X, et al. Space harmonic analysis of sound radiation from a submerged periodic ring-stiffened cylindrical shell[J]. Applied Acoustics, 2006,67:743-755.

[23] 严谨,李天匀,刘土光,等. 水下周期环肋圆柱壳声辐射的空间简谐分析[J]. 华中科技大学学报:自然科学版,2007,35(1):96-98.

[24] 彭旭,关珊珊,骆东平,等. 内部声激励下加筋圆柱壳的声辐射特性分析[J]. 固体力学学报,2007,28(4):355-361.

[25] 吴文伟,吴崇健,沈顺根. 双层加肋圆柱壳振动和声辐射研究[J]. 船舶力

学,2002,6(1):44-51.

[26] 陈美霞,骆东平.敷设阻尼材料的双层圆柱壳声辐射性能分析[J].声学学报,2003,28(6):486-493.

[27] 陈美霞,骆东平.有限长双层壳体声辐射理论及数值分析[J].中国造船,2003,44(4) :59-67.

[28] 陈美霞,骆东平.有限长加筋双层圆柱壳低阶模态声辐射性能分析[J].哈尔滨工程大学学报,2004,25(4):446-450.

[29] 白振国,俞孟萨.多层声学覆盖层复合的有限长弹性圆柱壳声辐射特性研究[J].船舶力学,2007,11(5):788-796.

[30] FULFORD R A, GIBBS B M. Structure-borne sound power and source characterisation in multi-point-connected systems. Part 1: Case studies for assumed force distribution[J]. Journal of Sound and Vibration,1997,204:659-677.

[31] FULFORD R A, GIBBS B M. Structure-borne sound power and source characterisation in multi-point-connected systems. Part 2: General relationships for mobility functions and free velocities[J]. Journal of Sound and Vibration,1999,220:203-224.

[32] FULFORD R A, GIBBS B M. Structure-borne sound power and source characterisation in multi-point-connected systems. Part 3: Force ratio estimates [J]. Journal of Sound and Vibration,1999,225:239-282.

[33] Krishnappa G. Acoustic intensity in the nearfield of two interfering monopoles [J]. Acoust. Soc. Am. ,1983,74(4):1291-1294.

[34] Peng H, Keltie R F. Sound radiation from beams under the action of multiple random point forces[J]. Acoust. Soc. Am. ,1989,85(1):49-56.

[35] Peng H, Keltie R F. Sound radiation from finite plates the action of multiple random point forces[J]. Acoust. Soc. Am. ,1989,85(1):57-67.

[36] Peng H, Lee P B. Source correlation effects on the sound power radiation from spherical shells[J]. Acoust. Soc. Am. ,1989,86(4):1586-1594.

[37] Hu S M, Tang W L, Wang B, et al. Sound radiation from bulkheaded finite

cylindrical shell under the action of multiple random point force[J]. Journal of Ship Mechanics, 2102, 16(9): 1085-1098.

[38] 张敬东,何祚镛.有限元+边界元——修正的模态分解法预报水下旋转薄壳的振动和声辐射[J].声学学报,1990,15(1):12-19.

[39] 沈顺根,李琪华,王大云,等.加肋旋转壳结构噪声声辐射水弹性研究[J].中国造船,1992,2:53-62.

[40] 谭林森,骆东平,吴崇健,等.潜水器动力舱振动与声辐射[J].华中理工大学学报,1999,27(11):7-9.

[41] 商德江,何祚镛.加肋双层圆柱壳振动声辐射数值计算分析[J].声学学报,2001,26(3):193-201.

[42] 徐张明,汪玉,华宏星,等.双层壳体的船舶动力舱振动与声辐射的有限元结合边界元数值计算[J].中国造船,2002,43(4):39-44.

[43] 石焕文,盛美萍,孙进才,等.加纵肋平底圆柱壳振动和声辐射的 FEM/BEM 研究[J].振动与冲击,2006,25(2):88-92.

[44] 艾海峰,陈志坚,孙谦.降低双层加肋圆柱壳低频噪声的声学设计技术[J].噪声与振动控制,2007,3:106-109.

[45] Ai H F, Chen Z J, Xia Q Q. The influence of load type and end cap shape on the sound radiation of closed and ribbed cylindrical shell structure[C]. 2010 3rd International Conference on Advanced Computer Theory and Engineering. Chengdu: Institute of Electrical and Electronics Engineers, Inc., 2010, 1: 666-669.

[46] 盛美萍.复杂耦合系统的统计能量分析及其应用[D].西安:西北工业大学,1997.

[47] 刘小勇,盛美萍,行晓亮,等.双层圆柱壳噪声预报及统计能量参数灵敏度分析[J].振动与冲击,2007,26(7):50-53.

[48] 童宗鹏,王国治.水下航行器声振特性的统计能量法研究[J].噪声与振动控制,2004,1:29-32.

[49] 丁少春,朱石坚,楼京俊.运用统计能量法研究壳体的振动与声辐射特性[J].船舶工程,2007,29(6):30-33.

[50] Ramachandran P, Narayanan S. Evaluation of modal density, radiation efficiency and acoustic response of longitudinally stiffened cylindrical shell [J]. Journal of Sound and Vibration,2007,304:154-174.

[51] 高岩,李冰,戴江. 圆柱壳结构模型水下辐射声功率测量方法研究[J]. 船舶力学,2010,14(10):1189-1194.

[52] 何祚镛. 声强法测量噪声源研究——总结报告[R]. 哈尔滨:中国船舶科技报告 CK-02294,1995.

[53] 何元安. 大型水下结构近场声全息的理论方法与试验研究[D]. 哈尔滨:哈尔滨工程大学,2000.

[54] 李琪. 水筒噪声测量方法研究[D]. 哈尔滨:哈尔滨船舶工程学院,1990.

[55] Ekimov A E, Lebedev A V. Experimental study of local mass influence on sound radiation from a thin limited cylindrical shell[J]. Applied Acoustics, 1996,48(1):47-57.

[56] 俞孟萨,吴永兴,吕世金. 加肋圆柱壳声学相似性试验[J]. 中国造船, 2002,43(2):50-57.

[57] 曾革委,吴崇健. 加肋圆柱壳舱段水下声辐射试验研究[J]. 中国舰船研究,2006,1(1):13-16.

[58] 陈美霞,关珊珊,骆东平,等. 具有内部甲板的环肋柱壳振动和声学试验分析[J]. 舰船科学技术,2005,27(6):19-25.

[59] 严谨,李天匀,刘土光. 流场中周期环肋圆柱壳辐射声压的理论和实验研究[J]. 中国舰船研究,2007,2(1):49-51.

[60] 姚熊亮,张阿漫,钱德进. 去耦瓦敷设方式对双层壳声振动的影响[J]. 海军工程大学学报,2008,20(2):33-37.

[61] 李冰茹,王宣银,葛辉良. 圆柱壳体近场辐射噪声预报与实验研究[J]. 浙江大学学报(工学版),2010,44(3):563-568.

[62] 李冰茹,王宣银,葛辉良. 有限长圆柱壳体声辐射特性影响因素研究[J]. 浙江大学学报(工学版),2007,41(5):785-789.

[63] 陈军明,陈应波,黄玉盈. 水中双向正交加肋圆柱壳体声辐射的有限元法[J]. 武汉理工大学学报,2004,26(4):74-76.

[64] 徐春龙,石焕文. 环肋对两端带半球帽圆柱壳声振特性的影响[J]. 陕西师范大学学报:自然科学版,2007,35(1):49-53.

[65] Harari A, Sandman B E. Analytical and experimental determination of the vibration and pressure radiation from a submerged, stiffened cylindrical shell with two endplates[J]. Acoust. Soc. Am. ,1994,95(6):3360-3368.

[66] 曾革委,黄玉盈,谢官模. 外壳板采用纵骨加强的双层加肋圆柱壳水下声辐射分析[J]. 中国造船,2003,44(2):45-52.

[67] 吴培荣,范军. 有限长双层加肋圆柱壳体的声辐射特性[J]. 船舶工程,2009,31(4):13-15.

[68] 陈美霞,骆东平,曹钢,等. 环肋柱壳振动和声辐射试验分析[J]. 华中科技大学学报(自然科学版),2003,31(4):102-104.

[69] 陈美霞,骆东平,周峰,等. 阻尼材料敷设方式对双层壳体声辐射性能的影响[J]. 声学学报,2005,30(4):296-302.

[70] 白振国,俞孟萨. 多层声学覆盖层复合的有限长弹性圆柱壳声辐射特性研究[J]. 船舶力学,2007,11(5):788-797.

[71] Hasheminejad S M, Rajabi M. Scattering and active acoustic control from a submerged Piezoelectric-coupled orthotropic hollow cylinder[J]. Journal of Sound and Vibration,2008,318:50-73.

[72] Ruzzene M, Baz A. Finite element modeling of vibration and sound radiation from fluid-loaded damped shells[J]. Thin-Walled Structures,2000,36:21-46.

[73] Oh J, Ruzzene M, Baz A. Passive control of the vibration and sound radiation from submerged shells[J]. Journal of Vibration and Control,2002,8:425-445.

[74] Krishna B V, Ganesan N. Studies on fluid-filled and submerged cylindrical shells with constrained viscoelastic layer[J]. Journal of Sound and Vibration, 2007,303:575-595.

[75] Plump J M, Hubbard J E. Modeling of active constrained layer damping[C]. Proceedings of 2nd International Congress on Acoustics, Toronto, 1986: 2489-2503.

[76] Agnes G S, Napolitano K. Active constrained layer viscoelastic damping[C]//

Proceedings of 34th Structures, Structural Dynamics and Material Conference, 1993:3499-3506.

[77] Ro J, Baz A. Control of sound radiation from a plate into an acoustic cavity using active constrained layer damping[J]. Smart Mater. Struct., 1999, 8:1-9.

[78] Ray M C, Balaji R. Active structural-acoustic control of laminated cylindrical panels using smart damping treatment[J]. International Journal of Mechanical Sciences, 2007, 49:1001-1017.

[79] 袁丽芸，向宇，黄玉盈，等. 主动约束阻尼圆柱壳动力学分析的新传递矩阵法[J]. 振动与冲击，2010，29(5)：58-61.

[80] 袁丽芸，向宇，黄玉盈，等. 主动约束层阻尼圆柱壳的环向占优模态控制[J]. 动力学与控制学报，2010，8(2)：170-175.

[81] 何祚镛. 结构振动与声辐射[M]. 哈尔滨：哈尔滨工程大学出版社，2001：110-124.

[82] Tang R, Li Q, Shang D J. A method for predicting the vibrations of underwater cylindrical shells by using the equivalent beam model[J]. J. A. S. A., 2012, 131(4):3507.

[83] Forsberg K. Axisymmetric and beam-type vibrations of thin cylindrical shells [J]. AIAA Journal, 1969, 7(2):221-227.

[84] Sun J Q. Vibration and sound radiation of non-uniform beams[J]. Journal of Sound and Vibration, 1995, 185(5):827-843.

[85] Wallace C E. Radiation Resistance of a baffled beam[J]. J. A. S. A., 1972, 51(3):936-945.

[86] 陆鑫森，金咸定，刘涌康. 船体振动学[M]. 北京：国防工业出版社，1980：154-213.

[87] Tang R, Li Q, Shang D J. Research on the forced vibration and sound radiation of an underwater non-uniform beam with arbitrary boundary[C]//Proceedings of the 5th international symposium on acoustic engineering and technology. Harbin: NLUAT, 2010:100-104.

[88] Junger M C, Feit D. Sound, structures, and their interaction[M]. 2nd ed.

Massachusetts: Cambridge Press, 1985: 206-209.

[89] Shing Huei Ho, Cha'o Kuang Chen. Analysis of general elastically end restrained non-uniform beams using differential transform [J]. Applied Mathematical Modeling, 1998, 22: 219-234.

[90] Zheng H, Cai C. Minimization of sound radiation from baffled beams through optimization of partial constrained layer damping treatment [J]. Applied Acoustics, 2004, 65: 501-520.

[91] Tang R, Li Q, Shang D J. An Equivalent Beam Method for Calculating the Sound Radiation of Underwater Cylindrical Shells [C]//Proceedings of 2012 IEEE International Conference on Mechatronics and Automation. Chengdu, 2012: 2366-2370.

[92] 尚大晶,李琪,商德江,等. 水下翼型结构流噪声实验研究[J]. 声学学报. 2012, 34(4): 416-423.

[93] 尚大晶,李琪,商德江,等. 水下声源辐射声功率测量实验研究[J]. 哈尔滨工程大学学报, 2010, 31(7): 938-944.

[94] 章林柯,何琳,朱石坚. 潜艇主要噪声源识别及贡献比计算方法综述[C]//第十届船舶水下噪声学术讨论会论文集, 烟台: [出版者不详], 2005: 48-53.

[95] 钟祥璋. 建筑吸声材料与隔声材料[M]. 北京: 化学工业出版社, 2005: 23-27.

[96] 国家经济委员会. GBJ 47—1983. 混响室法吸声系数测量规范[S]. 北京: 中国标准出版社, 1983: 1-10.

[97] Liu Y W, Li Q. Research on the coefficient of sound absorption in turbid water [J]. The Journal of Marine Science and Application, 2008, 7(2): 135-138.

[98] 国外声学成果. 混响室中扩散体的总面积和测得的吸声系数[J]. 声学学报, 1985, 10: 61-64.

[99] 贺加添. 混响室法测量材料吸声系数的有效性[J]. 烟台大学学报: 自然科学与工程版, 1995: 65-72.

[100] 周启君,刘克,冯涛. 管道中测量材料的声学性能[C]. 2004 年全国物理

声学会议论文集. 镇江:中国声学学会,2004,10:71-72.

[101] 易文胜. 大面积吸声构件吸声系数的低频测量[J]. 声学与电子工程,2006,81:12-14.

[102] 姬培锋,杨军,李晓东. 基于指向性声源的吸声系数测量[C]//中国声学学会2006年全国声学学术会议论文集. 武汉:中国声学学会,2006,10:495-496.

[103] 张武威,汤伟红. 混响室法测定吸声系数计算误差分析[J]. 声频工程,2007,31:14-19.

[104] 叶江涛,刘岩,张晓排. 混响室中不同试件面积对吸声系数的影响研究[J]. 噪声与振动控制,2009:134-136.

[105] 朱从云,黄其柏. 基于特性阻抗的测量吸声系数的一种新方法[J]. 机械设计与制造,2008:154-158.

[106] 芮元勋,蒋国荣. 声场计算机模拟中吸声系数的修正[J]. 声频工程,2008,32:9-11.

[107] Nutter D B, Leishman T W. Measurement of sound power and absorption in reverberation chambers using energy density[J]. Acoust. Soc. Am., 2007, 121(5):2700-2707.

[108] Morse P M, Ingard K U. Theoretical Acoustics[C]. New York: McGraw-Hill Inc., 1967:554-599.

[109] Mailing C G. Calculation of Acoustic Power Radiated by a Monepole in a Reverberant Chamer[J]. Acoust. Soc. Am., 1967, 42(4):859-865.

[110] Waterhouse R V. Noise Measurement in Reverberant Rooms[J]. Acoust. Soc. Am., 1973, 54(4):931-934.

[111] Maa D Y. Sound power emission in reverberation chambers[J]. Acoust. Soc. Am., 1988, 83(4):1414-1419.

[112] Smith W F, Bailey J R. Investigation of the Statistics of Sound Power Injection from Low-frequency Finite-size Sources in a Reverberant Room[J]. Acoust. Soc. Am., 1973, 54(4):950-955.

[113] Schroeder M R. Measurement of sound diffusion in reverberation chambers

[J]. Acoust. Soc. Am. ,1959,31:1407-1414.

[114] Davy J L, Dunn I P, Dubout P. The Variance of Decay Rates in Reverberation Rooms[J]. Acustica,1979,43:12-25.

[115] Eyring C. Reverberation time in dead rooms[J]. Acoust. Soc. Am. ,1930,1:207-214.

[116] Hodgson M R. On measures to increase room sound-field diffuseness and the applicability of the diffuse-field theory[J]. Acoust. Soc. Am. ,1994,95:3651-3653.

[117] Kutruff K H. Sound decay in reverberation chambers with diffusing elements [J]. Acoust. Soc. Am. ,1981,69:1716-1723.

[118] Waterhouse R V. Interference patterns in reverberant sound fields [J]. Acoust. Soc. Am. ,1955,27:247-258.

[119] Schaffner A. Accurate estimation of the mean sound pressure level in enclosures[J]. Acoust. Soc. Am. ,1999,106(2):823-827.

[120] Vorländer M. Revised relation between the sound power and the average sound pressure level in rooms and the consequences for acoustic measurements[J]. Acustica,1995,81:332-343.

[121] Tichy J, Baade P. Effect of rotating diffusers and sampling techniques on sound-pressure averaging in reverberation rooms [J]. Acoust. Soc. Am. , 1974,56:137-143.

[122] Waterhouse R V. Statistical properties of reverberant sound fields [J]. Acoust. Soc. Am. ,1968,43:1436-1444.

[123] Lubman D. Fluctuations of sound with position in a reverberant room[J]. Acoust. Soc. Am. ,1968,44:1491-1502.

[124] Jacobsen F. Sound power emitted by a pure-tone source in a reverberation room[J]. Acoust. Soc. Am. ,2009,126(2):676-684.

[125] Nutter D B, Leishman T W, Sommerfeldt S D, et al. Measurement of sound power and absorption in reverberation chambers using energy density [J]. Acoust. Soc. Am. ,2007,121(5):2700-2710.

[126] Blake W K, Maga L. Chamber for reverberant acoustic power measurements in air and in water[J]. Acoust. Soc. Am., 1975, 57(2): 380-384.

[127] Brown N R, Leighton T G, Richards S D, et al. Heathershaw. Measurement of viscous sound absorption at 50-150 kHz in a model turbid environment[J]. Acoust. Soc. Am., 1998, 104(4): 2114-2120.

[128] 马大猷. 声功率测定中的低频率差异问题[J]. 声学学报, 1989, 14(3): 167-177.

[129] 刘克, 田静, 马大猷. 混响室内声功率发射的实验研究[J]. 声学学报, 1995, 20(2): 115-120.

[130] 尚大晶. 水下复杂声源辐射声功率的混响法测量技术研究[D]. 哈尔滨: 哈尔滨工程大学, 2012.

[131] 刘涛. 水中复杂壳体的声－振特性研究[D]. 上海: 上海交通大学, 2002.

[132] 曾革委. 潜艇结构声辐射的建模、求解及其声特性研究[D]. 武汉: 华中科技大学, 2002.

[133] 陶猛, 范军, 汤渭霖. 覆盖多柔性层的有限长圆柱壳声辐射特性[J]. 声学学报, 2008, 33(3): 220-224.

[134] Stepanishen P R. Radiated power and radiation loading of cylindrical surfaces with nonuniform velocity distributions[J]. Acoust. Soc. Am., 1978, 63(2): 328-338.

[135] Kallivokas L F, Bielak J, MacCamy R C. Symmetric Local Absorbing Boundaries in Time and Space[J]. Journal of Engineering Mechanics, 1991, 1179: 2027-2048.

[136] Barry A, Bielak J, MacCamy R C. On absorbing boundary conditions for wave propagations[J]. Journal of Computational Physics, 1988, 792: 449-468.

[137] Shenck H A. Improved Integral Formulation for Acoustic Radiation Problems [J]. Acoust. Soc. Am., 1968, 44: 41-58.

[138] Burton A J, Miller G F. The application of integral equation methods to the numerical solution of some exterior boundary value problems[C]. London: Proo. R. Soc., 1971, Ser. A 323: 201-210.

[139] 孙洋.附加水质量对船体总振动固有频率影响的研究[D].大连:大连理工大学,2007.

[140] Junger M C. Sound radiation by resonances of free-free beams[J]. J. A. S. A. ,1972,52(1):332-334.

[141] Zheng H,Cai C. Minimization of sound radiation from baffled beams through optimization of partial constrained layer damping treatment [J]. Applied Acoustics,2004,65:501-520.

[142] 何祚镛,赵玉芳.声学理论基础[M].北京:国防工业出版社,1981:174.